Verzeichnis der Karten und digitalen Daten

1998/99

Freistaat Sachsen
Landesvermessungsamt

Sehr geehrte Damen und Herren,

mit diesem Verzeichnis möchte Ihnen das Landesvermessungsamt Sachsen einen Überblick über die amtlichen topographischen Karten, topographischen Gebietskarten, topographischen Karten mit Sonderthematik, historischen Karten, geologischen Karten, Luftbilder und digitalen Daten vom Gebiet des Freistaates Sachsen sowie über hier herausgegebene spezielle Druckschriften vermitteln.

Ein Textteil informiert Sie über Inhalt, Maßstab, Ausführung und Gebühren der Karten. Dort finden Sie auch Hinweise über Zuständigkeiten, Antragsverfahren, Sonderanfertigungen und Vervielfältigungserlaubnisse. Die beigefügten Kartenausschnitte und Übersichten sollen Ihnen bei der Auswahl der für Sie am besten geeigneten Karten, digitalen Daten, Luftbilder und Druckschriften helfen.

Rechtsgrundlage für die Gebührenerhebung durch das Landesvermessungsamt Sachsen ist das Verwaltungskostengesetz des Freistaates Sachsen (SächsVwKG) vom 15. April 1992 und das 2. Sächsische Kostenverzeichnis (2. SächsKVZ) vom 4. März 1997.

Die Katasterkarten (auch Liegenschafts- oder Flurkarten genannt) werden nur in den Staatlichen Vermessungsämtern bzw. deren Außenstellen sowie in den Städtischen Vermessungsämtern geführt und sie können dort beantragt werden (siehe Anschriftenverzeichnis).

Die Bodenrichtwertkarten sind für Landkreise beim zuständigen Landratsamt und für kreisfreie Städte beim Städtischen Vermessungsamt zu beantragen.

Selbstverständlich stehen wir Ihnen zur Beantwortung aller noch verbleibenden Fragen zur Verfügung. Für eine ausführliche Beratung sollten Sie einen Termin vereinbaren.

Mit freundlichen Grüßen

Ihr Landesvermessungsamt Sachsen

© Landesvermessungsamt Sachsen, Dresden 1998

Gestaltung und Herausgabe:
Landesvermessungsamt Sachsen
Olbrichtplatz 3, 01099 Dresden

Vervielfältigung der Kartenblattübersichten gestattet

Redaktionsschluß: 01.02.1998

ISBN 3-86170-131-6

Verzeichnis
der
Karten und digitalen Daten
1998/99
Landesvermessungsamt Sachsen

Neue Postanschrift:
Landesvermessungsamt Sachsen
Olbrichtplatz 3
PF 100 244
01072 Dresden

Postanschrift: Postfach 10 03 06, 01073 Dresden
Dienstgebäude: Olbrichtplatz 3, 01099 Dresden
Telefon: (03 51) 82 83-0
Telefax: (03 51) 82 83-202

Telefon:	Katastersicherung/Kartenvertrieb:	(03 51) 82 83-608 und 342
	Lenkungs- und Koordinierungsstelle:	(03 51) 82 83-511 und 354
	Luftbildstelle:	(03 51) 82 83-307 und 433
Telefax:	Katastersicherung/Kartenvertrieb:	(03 51) 82 83-342
Geschäftszeiten:	Katastersicherung/Kartenvertrieb:	Mo-Do 9.00 bis 12.00 Uhr 13.00 bis 16.00 Uhr Fr 9.00 bis 12.00 Uhr

Außenstelle Katastersicherung/Kartenvertrieb Schlema
Auer Straße 98, 08301 Schlema

Telefon:	(0 37 72) 2 25 64 und 2 52 79
Telefax:	(0 37 72) 2 25 64
Geschäftszeiten:	Mo-Do 7.00 bis 12.00 Uhr 12.30 bis 15.00 Uhr Fr 7.00 bis 12.00 Uhr

INHALTSVERZEICHNIS

Seite

Topographische Karten 3
Allgemeine Hinweise.. 3
Wesentliche Merkmale der topographischen Karten 4
Unser gegenwärtiges Angebot an topographischen Karten........... 5
Kartenausschnitte... 6
Begriffserläuterungen und Übersichten 9

Topographische Gebietskarten................................... 15

Topographische Karten mit Sonderthematik................. 20

Historische Karten.. 24

Geologische Karten und Umweltkarten 28

Druckschriften.. 40

Druckschriften-Geologie 42

Atlas zur Geschichte und Landeskunde von Sachsen........ 44

Luftbilder 45

Digitale Daten 46

Bezugsbedingungen.. 60
Antrag.. 60
Beantragung einer Vervielfältigungserlaubnis 61
Sonderanfertigungen 61
Zahlung.. 61
Versand.. 61

Anschriftenverzeichnis 62
Städtische Vermessungsämter 62
Geologische Landesämter 62
Bezugsmöglichkeiten für amtliche Karten
der anderen Bundesländer.. 63
Staatliche Vermessungsämter........................... siehe Einlegeblatt

TOPOGRAPHISCHE KARTEN

Allgemeine Hinweise

Topographische Karten sind amtliche Karten. Sie sind ortsbeschreibende Karten, die Siedlungen, Verkehrswege, Gewässer, Geländeformen, Vegetation und sonstige Erscheinungen der Erdoberfläche möglichst genau und vollständig wiedergeben. Diese topographischen Objekte werden in der Karte durch zugeordnete Kartenzeichen dargestellt und durch Namen oder Schriftzusätze erläutert.
Topographische Karten werden in der Regel für das Landesgebiet im einheitlichen Blattschnitt und nach gleichen Gestaltungsrichtlinien erstellt.
Nach Wiederherstellung der staatlichen Einheit Deutschlands waren vom Gebiet der ehemaligen DDR

– Topographische Karten, **Ausgabe Staat (AS)** und
– Topographische Karten, **Ausgabe Volkswirtschaft (AV)**

vorhanden, die sich in wesentlichen Merkmalen von den im Auftrag der Arbeitsgemeinschaft der Vermessungsverwaltungen der Bundesrepublik Deutschland (AdV) bearbeiteten

– Topographischen Karten, **Normalausgabe (N)**

unterscheiden.
Um dem Kartennutzer künftig weitestgehend einheitliche topographische Karten anzubieten, begannen 1991 im Landesvermessungsamt Sachsen die Umstellungsarbeiten bezüglich Blattschnitt, geodätischer Grundlage, Erscheinungsbild und teilweiser Angleichung des Karteninhalts. Nachdem die Umstellung in den Maßstäben 1:25 000, 1:50 000 und 1:100 000 beendet ist, hat die Fortführung dieser Karten begonnen. Im Maßstab 1:50 000 wird gleichlaufend mit der Fortführung die vorläufige Ausgabe durch die Normalausgabe (mit Einzelhausdarstellung und Schummerung) ersetzt.
An der Umstellung der Topographischen Karte 1:10 000 wird weiterhin gearbeitet. Die in den alten Bundesländern überwiegend vorhandene Deutsche Grundkarte 1:5000 (DGK 5) wird im Freistaat Sachsen bis auf weiteres nicht hergestellt.
Die Bearbeitung der topographischen Karten (AS) und (AV) wurde abgeschlossen und die Fortführung eingestellt. Mit der laufenden Umstellung werden diese Karten kontinuierlich durch die neuen topographischen Karten (N) ersetzt.
Das Landesvermessungsamt Sachsen bietet seit 1997 die **CD-ROM „Freistaat Sachsen - digitale Karten"** zum Verkauf **(99.00 DM)** an. Sie beinhaltet die Topographische Karte 1:100 000 flächendeckend für das Gebiet vom Freistaat Sachsen, drei Übersichtskarten in verschiedenen Maßstäben, je eine Topographische Karte 1:10 000, 1:25 000 und 1:50 000, einen Ausschnitt aus dem Orthophoto (Dresden-Pillnitz) 1:10 000 und eine ATKIS-Präsentationsgrafik. Die CD-ROM erlaubt Ihnen unter anderem folgende Funktionen: blattschnittfreies Scrollen, Verschalten verschiedener Maßstäbe, schnelle Orientierung mit Hilfe eines Positionsfensters, Vergrößern der Karte mittels einer Lupe, automatische Positionierung in der Karte nach Orten, Anzeige der Gauß-Krüger-Koordinaten, eigene Einträge in eine Zeichenebene (Icon-Layer), Drucken eines Kartenausschnittes.
Nähere Auskünfte werden auf Anfrage über ☎ (03 51) 82 83-511 erteilt.

Wesentliche Merkmale der topographischen Karten

TOPOGRAPHISCHE KARTEN

	Topographische Karte (N)					Topographische Karte (AS)				Topographische Karte (AV)	
Geodätische Grundlage	konforme querachsige Zylinderprojektion										
- Bezugsellipsoid	Erdellipsoid von Bessel Abbildung im 3° - Meridianstreifensystem Mittelmeridiane: 12° und 15° östlich Greenwich					Erdellipsoid von Krassowski Abbildung im 6°-Meridianstreifensystem Mittelmeridiane: 9° und 15° östlich Greenwich				Erdellipsoid von Bessel Abbildung im 3°-Meridianstreifensystem Mittelmeridiane: 12° und 15° östlich Greenwich	
- Koordinatensystem	Gauß-Krüger										
- Höhenangaben	Bezugspunkt: Höhennull (HN, Kronstädter Pegel) Differenz zu Normalnull (NN, Amsterdamer Pegel) beträgt durchschnittlich +0,1m NN = HN +0,1m										
Maßstab	1:10 000	1:25 000	1:50 000	1:100 000	1:200 000	1:10 000	1:25 000	1:50 000	1:100 000	1:100 000	1:200 000
Blattschnitt	5'x3'	10'x6'	20'x12'	40'x24'	80'x48'	3'45"x2'30"	7'30"x5'	15'x10'	30'x20'	30'x20'	60'x40'
Bildformat (cm)	58x55	46x44	46x44	46x44	46x44	46x44	37x35	37x35	37x35	37x35	37x35
Naturfläche (km²)	32	128	510	2042	8166	20	81	324	1295	1295	5181
Karteninhalt	vollständig entsprechend maßstabsbedingter Darstellungsmöglichkeiten					vollständig entsprechend maßstabsbedingter Darstellungsmöglichkeiten				teilweise mit Festpunktdarstellung und ohne Angaben von militärischer Bedeutung	
Darstellung der Gemeindegrenzen	nur im Maßstab 1:10 000 und 1:25 000					nur im Maßstab 1:10 000				im Maßstab 1:10 000 bis 1:200 000	
	Höhenlinien mit den Haupthöhenliniensystemen im Maßstab										
Geländeformen	1:10 000	1:25 000	1:50 000		1:200 000		1:25 000	1:50 000	1:100 000	1:200 000	
	1m 2,5m * 5m	5m	10m						20m	40m	

*entsprechend Geländeneigung

TOPOGRAPHISCHE KARTEN

Unser gegenwärtiges Angebot an topographischen Karten

Maßstab	Name der Karte	Kurzbezeichnung	Gebühr
1:10 000	Topographische Karte (N) Topographische Karte (AS) Topographische Karte (AV)	TK 10 (N) TK 10 (AS) TK 10 (AV)	DM 12,00 DM 10,00 DM 10,00
1:25 000	Topographische Karte (N)	TK 25 (N)	DM 8,80
1:50 000	Topographische Karte (N) Topographische Karte (W)* Topographische Karte (WR)**	TK 50 (N) TK 50 (W) TK 50 (WR)	DM 8.80 DM 9.80 DM 9.80
1:100 000	Topographische Karte (N)	TK 100 (N)	DM 8,80
1:200 000	Topographische Übersichtskarte (N)	TÜK 200 (N)	DM 8,80

* Ausgabe mit Wanderwegen
** Ausgabe mit Wander- und Radwanderwegen

Alle topographischen Karten werden im Mehrfarbendruck hergestellt. Von den topographischen Karten, Normalausgabe (N), ist auch eine einfarbige Druckkopiervorlage vorhanden. Davon können einfarbige Ausgaben hergestellt werden, siehe auch Sonderanfertigung auf Seite 58.

Militärische Karten (mit UTM-Gitternetz) in den Maßstäben 1:50 000, 1:100 000 und 1:250 000 sind für den zivilen Bedarf beschränkt lieferbar.
Nähere Auskünfte erhalten Sie über:
                       Militärgeographische Stelle
                       Wehrbereich VII
                       General-Olbricht-Kaserne
                       PF 22 13 65
                       04133 Leipzig
                       Tel.: (03 41) 5 95 29 50
                       Fax.: (03 41) 5 95 29 54

TOPOGRAPHISCHE KARTEN

TK 10 (N)   Format: 59,4 cm x 86,4 cm   DM **12,00**

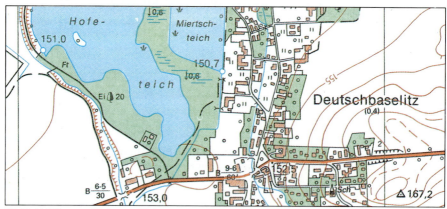

TK 10 (AS) Format: 49,0 cm x 59,0 cm   DM **10,00**

TK 10 (AV)   Format: 49,0 cm x 59,0 cm   DM **10,00**

TOPOGRAPHISCHE KARTEN

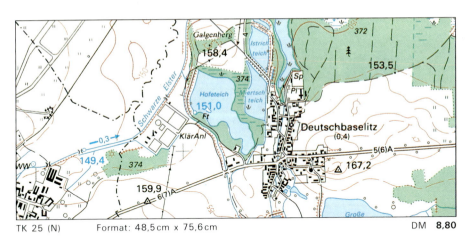

TK 25 (N)　　Format: 48,5 cm x 75,6 cm　　　　　　　　　　DM **8,80**

TK 50 (N) vorläufige Ausgabe Format: 48,5 cm x 75,6 cm　　DM **8,80**

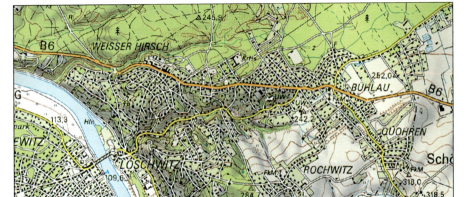

TK 50 (N)　　Format: 48,5 cm x 75,6 cm　　　　　　　　　　DM **8,80**

TOPOGRAPHISCHE KARTEN

TK 100 N Format: 48,5 cm x 75,6 cm DM **8,80**

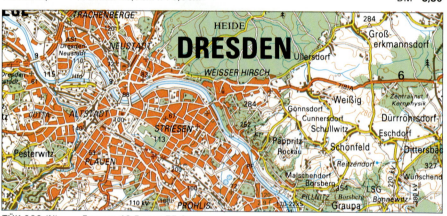

TÜK 200 (N) Format: 48,5 cm x 75,6 cm DM **8,80**

TOPOGRAPHISCHE KARTEN

Begriffserläuterungen

Fortführungsstand: gibt Auskunft über die Aktualität der kartographischen Unterlagen

Auflagejahr: gibt Auskunft über das Jahr der Herausgabe

Blattname: jedes Kartenblatt erhält in der Regel den Namen des größten auf ihm dargestellten Ortes bzw. Gebietes

Blattnummern der Normalausgabe (N):

TK 10 (N) Die Kartenblätter erhalten neben einer vierstelligen Zahl die Richtungsangabe NW, NO, SW bzw. SO.

TK 25 (N) Die Kartenblätter erhalten eine vierstellige Zahl, deren ersten beiden Ziffern von Norden nach Süden und deren letzten beiden Ziffern von Westen nach Osten anwachsen. Ein Blatt der TK 25 (N) umfaßt die Fläche von vier Blättern der TK 10 (N).

TK 50 (N) Die Kartenblätter erhalten eine vierstellige Zahl mit davor gestelltem Kennbuchstaben L für die römische Zahl 50. Ein Blatt der TK 50 (N) umfaßt die Fläche von vier Blättern der TK 25 (N). Maßgebend für die Numerierung ist jeweils die Nummer des im südwestlichen Viertel liegenden Blattes der TK 25 (N).

TK 100 (N) Die Kartenblätter erhalten eine vierstellige Zahl mit davor gestelltem Kennbuchstaben C für die römische Zahl 100. Ein Blatt der TK 100 (N) umfaßt die Fläche von vier Blättern der TK 50 (N). Maßgebend für die Numerierung ist jeweils die Nummer des südwestlichsten Blattes der TK 25 (N).

TÜK 200 (N) Die Kartenblätter erhalten eine vierstellige Zahl mit davor gestelltem Kennbuchstaben CC für die römische Zahl 200. Ein Blatt der TÜK 200 (N) umfaßt die Fläche von vier Blättern der TK 100 (N). Maßgebend für die Numerierung ist jeweils die Nummer des südwestlichsten Blattes der TK 25 (N).

TOPOGRAPHISCHE KARTEN 1:10 000 (AS)/(AV)/(N)

Die Übersichten für die TK 10 (AS), TK 10 (AV) und TK 10 (N) finden Sie auf den Einlegeblättern dieses Verzeichnisses.

Auskunft über die Verfügbarkeit der Kartenblätter erteilt das Referat Katastersicherung/Kartenvertrieb des Landesvermessungsamtes Sachsen:

☎ (03 51) 82 83-6 08 u. - 3 42
☎ (0 37 72) 2 25 64 u. 2 52 79

TOPOGRAPHISCHE KARTE 1 : 25 000 (N)

	12°		12°20′		12°40′		13°		13°20′
51°36′				4340 Bitterfeld Ost 92 95	4341 Söllichau 89 94	4342 Bad Schmiedeberg 96 98	4343 Dommitzsch 96 98	4344 Züllsdorf 89 94	
		4439 Brehna 89 94	4440 Delitzsch 96 98	4441 Bad Düben 96 97	4442 Mockrehna 96 97	4443 Torgau West 96 97	4444 Torgau 96 97	4445 Falkenberg (Elster) 90 94	
	4538 Halle (Saale) Ost 89 95	4539 Schkeuditz Nord 89 92	4540 Zschortau 96 97	4541 Eilenburg 96 97	4542 Hohburg 96 98	4543 Gneisenau- st. Schildau 96 97	4544 Belgern 96 97	4545 Mühlberg (Elbe) 90 94	4546 Gröditz 90 94
		4638 Leuna 89 95	4639 Leipzig West 90 92	4640 Leipzig 96 97	4641 Taucha 96 97	4642 Wurzen 96 97	4643 Dahlen 96 97	4644 Oschatz-Merkwitz 93 97	4645 Riesa 93 97	4646 Zeithain 93 97
51°12′		4738 Bad Dürrenberg 88 96	4739 Zwenkau 88 92	4740 Leipzig Süd 95 97	4741 Naunhof 96 97	4742 Grimma 96 97	4743 Mutzschen 97 97	4744 Oschatz 93 97	4745 Riesa-Pausitz 93 97	4746 Zehren 93 97
			4839 Groitzsch 88 92	4840 Borna 95 97	4841 Borna Ost 95 97	4842 Colditz 95 96	4843 Leisnig 95 96	4844 Döbeln 94 95	4845 Lommatzsch 93 95	4846 Meißen 93 95
			4939 Meuselwitz 88 96	4940 Altenburg Nord 89 97	4941 Frohburg 95 97	4942 Rochlitz 95 96	4943 Geringswalde 95 95	4944 Waldheim 94 95	4945 Roßwein 94 95	4946 Mohorn 93 95
					5041 Langenleuba Niederhain 89 97	5042 Burgstädt 95 96	5043 Mittweida 95 96	5044 Frankenberg 94 96	5045 Freiberg West 94 96	5046 Freiberg 94 95
50°48′			5139 Ronneburg 89 93	5140 Crimmitschau 94 97	5141 Glauchau 94 97	5142 Hohenstein-Ernstthal 93 96	5143 Chemnitz 93 94	5144 Flöha 94 96	5145 Brand-Erbisdorf 94 96	5146 Lichtenberg (Erzgebirge) 94 95
			5239 Teichwolframsdorf 89 97	5240 Zwickau 94 96	5241 Zwickau Ost 94 96	5242 Stollberg (Erzgebirge) 93 94	5243 Chemnitz Süd 93 94	5244 Zschopau 93 95	5245 Lengefeld 93 95	5246 Sayda 93 95
	5337 Zeulenroda 88 96	5338 Triebes 89 97	5339 Greiz 89 93	5340 Zwickau Süd 94 96	5341 Wilkau-Haßlau 94 96	5342 Zwönitz 94 96	5343 Ehrenfriedersdorf 94 96	5344 Marienberg 93 95	5345 Zöblitz 93 95	5346 Olbernhau 93 95
	5437 Mühltroff 88 97	5438 Plauen Nord 95 96	5439 Treuen 95 96	5440 Auerbach (Vogtland) 94 96	5441 Schneeberg 94 96	5442 Aue 94 96	5443 Annaberg-Buchholz West 94 96	5444 Annaberg-Buchholz 94 96	5445 Hirtstein 94 96	
50°24′	5537 Gefell 88 93	5538 Plauen 95 96	5539 Oelsnitz 95 96	5540 Falkenstein (Vogtland) 94 96	5541 Eibenstock 94 96	5542 Johanngeorgenstadt 94 96	5543 Kurort Oberwiesenthal 94 96	5544 Bärenstein 94 96		
	5637 Hof 85 87	5638 Bobenneukirchen 88 94	5639 Adorf 95 96	5640 Klingenthal (Sachsen) 95 97	5641 Klingenthal (Sachs.)-Aschb. 95 96		**Tschechische Republik**			
			5738 Rehau	5739 Bad Elster 88 94	5740 Wernitzgrün 95 96	12°40′		13°		13°20′
		Bayern	5839 Schönberg 84 86							
	12°		12°20′							

Außerhalb der Bearbeitungsgrenze liegende Kartenblätter werden durch die Landesvermessungsämter der benachbarten Bundesländer herausgegeben. In geringem Umfang können Kartenblätter mit sächsischen Gebietsanteilen auch im Landesvermessungsamt Sachsen bestellt werden.

TOPOGRAPHISCHE KARTE 1 : 25 000 (N)

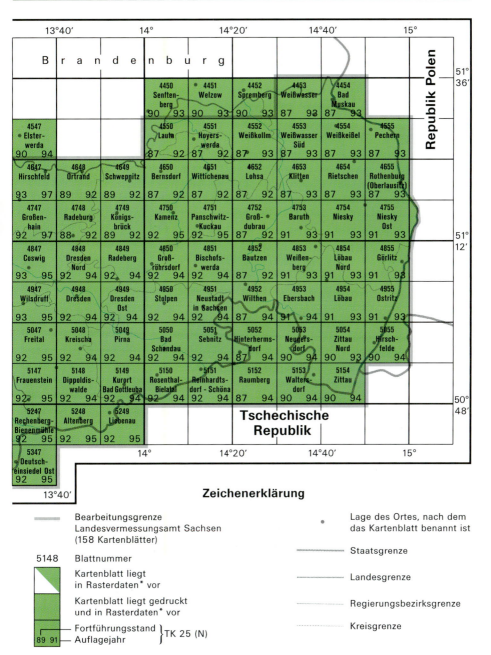

Zeichenerklärung

— — Bearbeitungsgrenze Landesvermessungsamt Sachsen (158 Kartenblätter)

5148 Blattnummer

Kartenblatt liegt in Rasterdaten* vor

Kartenblatt liegt gedruckt und in Rasterdaten* vor

89 91 Fortführungsstand / Auflagejahr } TK 25 (N)

• Lage des Ortes, nach dem das Kartenblatt benannt ist

— — Staatsgrenze

— — Landesgrenze

— — Regierungsbezirksgrenze

- - - Kreisgrenze

* Der Fortführungsstand der Rasterdaten ist nicht immer identisch mit dem gedruckten Kartenblatt.

11

TOPOGRAPHISCHE KARTE 1 : 50 000 (N)

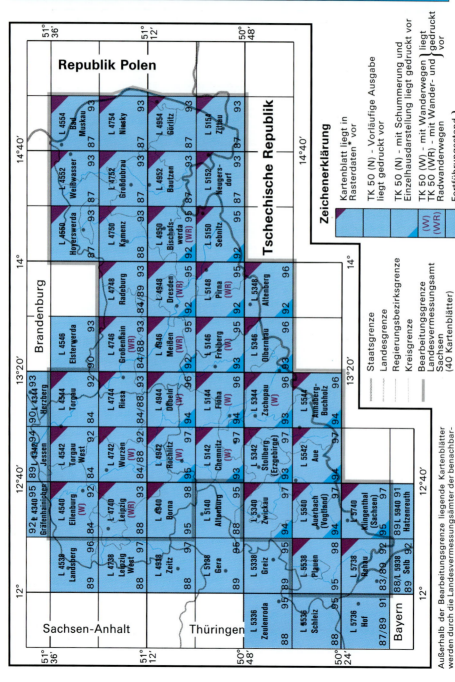

TOPOGRAPHISCHE KARTE 1 : 100 000 (N)

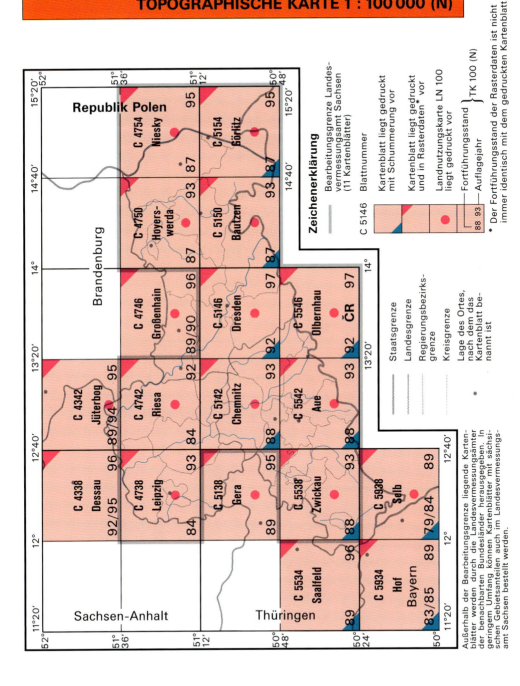

TOPOGRAPHISCHE ÜBERSICHTSKARTE 1 : 200 000 (N)

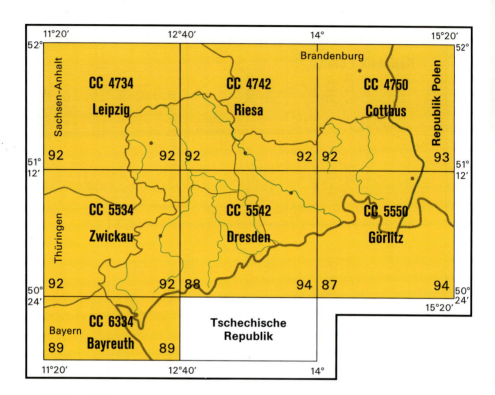

Zeichenerklärung

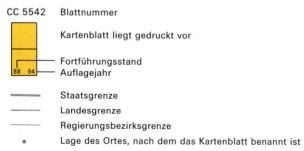

- Staatsgrenze
- Landesgrenze
- Regierungsbezirksgrenze
- • Lage des Ortes, nach dem das Kartenblatt benannt ist

Die Bearbeitung und Herausgabe der TÜK 200 (N) erfolgt durch das Bundesamt für Kartographie und Geodäsie. Die Nutzungsrechte sind dort zu beantragen. Kartenbestellungen sind an die Außenstelle in Berlin zu richten. In geringem Umfang können die Kartenblätter auch im Landesvermessungsamt Sachsen bestellt werden.

TOPOGRAPHISCHE GEBIETSKARTEN

ÜK 200 N   Übersichtskarte Freistaat Sachsen 1 : 200 000
Normalausgabe
Ausgabe: 4/1996
Format: 86cm x 112,8 cm, gefaltet und ungefaltet lieferbar
sechsfarbig .... DM **10,00**

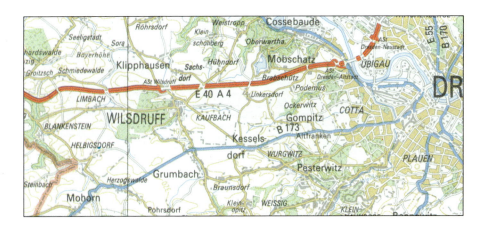

ÜK 200 V   Übersichtskarte Freistaat Sachsen 1 : 200 000
Verwaltungsausgabe
Ausgabe: 4/1996
Format: 86cm x 112,8 cm, gefaltet und ungefaltet lieferbar
vierfarbig .... DM **9,00**

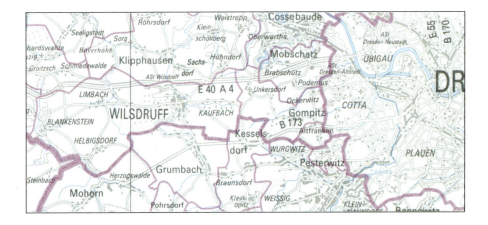

TOPOGRAPHISCHE GEBIETSKARTEN

FS 300 V   **Freistaat Sachsen 1: 300 000**
Verwaltungsgrenzen, Gebietsstand: 31.12.1992
Ausgabe: 1993
Format: 58,5cm x 77cm, gefaltet und ungefaltet lieferbar
vierfarbig . . . . DM **7,00**

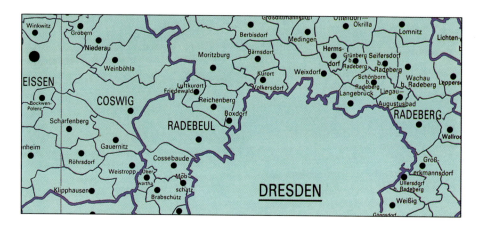

FS 300 V-1/96   **Freistaat Sachsen 1: 300 000**
Verwaltungsgrenzen, Gebietsstand: Januar 1996
Ausgabe: 1996
Format: 58,5cm x 77cm, gefaltet und ungefaltet lieferbar
vierfarbig . . . . DM **7,00**

TOPOGRAPHISCHE GEBIETSKARTEN

Für das Gebiet des Freistaates Sachsen kann aus dem digitalen Datenbestand VÜK 200 ein Arbeitsplot (Verwaltungsgrenzen, Ortsnamen, Ortsmittelpunkte) beantragt werden. Die Aktualisierung erfolgt auf der Grundlage der Mitteilungen des Statistischen Landesamtes des Freistaates Sachsen. Der Arbeitsplot wird flächendeckend für den Freistaat Sachsen im Maßstab 1:300 000 oder für einzelne Regierungsbezirke im Maßstab 1:200 000 ausgegeben und nur ungefaltet geliefert.

FS 300 V-D   **Freistaat Sachsen 1:300 000**
Verwaltungsgrenzen
Format: ca. 75 cm x 108 cm
Papier: .... DM **10,00**

Reg D 200 V-D Regierungsbezirk Dresden 1:200 000
Verwaltungsgrenzen
Format: ca. 60 cm x 85 cm
Papier: .... DM **8,50**

Reg L 200 V-D Regierungsbezirk Leipzig 1:200 000
Verwaltungsgrenzen
Format: ca. 55 cm x 60 cm
Papier: .... DM **8,50**

Reg C 200 V-D Regierungsbezirk Chemnitz 1:200 000
Verwaltungsgrenzen
Format: ca. 60 cm x 85 cm
Papier: .... DM **8,50**

FS 900 V-1/98 Kreisübersichtskarte des
Freistaates Sachsen ca. 1:900 000
Verwaltungsgrenzen, Gebietsstand: Januar 1998
Ausgabe: 1998
Format: DIN A4
einfarbig .... (incl. Gebühr für Verpacken/Versenden) DM **5,00**

TOPOGRAPHISCHE GEBIETSKARTEN

Die topographischen Kreiskarten liegen flächendeckend für den Freistaat Sachsen im Maßstab 1:100 000 als Verwaltungsausgabe und Normalausgabe vor. Folgende Gebiete sind auf jeweils einem Kartenblatt dargestellt:
- Landkreis Meißen und Kreisfreie Stadt Dresden
- Chemnitzer Land, Kreisfreie Stadt Chemnitz und Landkreis Stollberg
- Landkreise Aue-Schwarzenberg und Annaberg

Einige Landkreise werden auch im Maßstab 1:50 000 angeboten. Übersicht siehe Seite 19.

Topographische Kreiskarte – Verwaltungsausgabe
fünffarbig, gefaltet und ungefaltet lieferbar
KK 100 (V) 1:100 000 .... DM **9,00**
KK 50 (V) 1: 50 000 .... DM **10,00**

Topographische Kreiskarte – Normalausgabe
sechsfarbig, gefaltet und ungefaltet lieferbar
KK 100 (N) 1:100 000 .... DM **10,00**
KK 50 (N) 1: 50 000 .... DM **11,00**

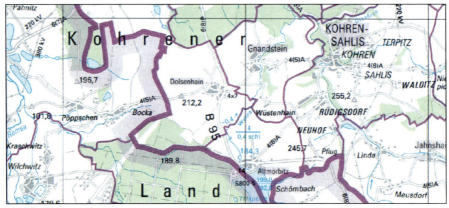

KK 100 (V)   Verwaltungsausgabe

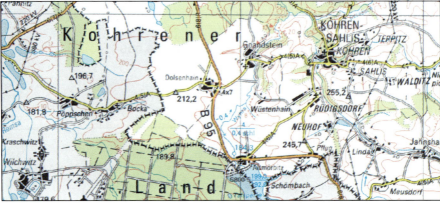

KK 100 (N)   Normalausgabe

TOPOGRAPHISCHE GEBIETSKARTEN

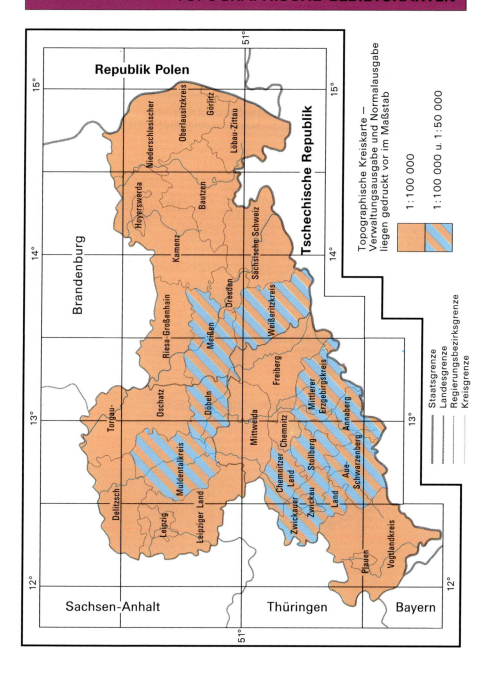

TOPOGRAPHISCHE KARTEN MIT SONDERTHEMATIK

WK 10 RH Wanderkarte des Landschaftsschutzgebietes Sächsische Schweiz, Gebiet Rathen/Hohnstein 1:10 000
Ausgabe: 1990
Format: 53,5cm x 73,5cm, gefaltet und ungefaltet lieferbar
sechsfarbig mit markierten Wanderwegen; auf der Rückseite Informationen zu touristischen und geographischen Besonderheiten des Gebietes .... DM **7,80**

WK 10 SG Wanderkarte des Landschaftsschutzgebietes Sächsische Schweiz, Schrammsteingebiet 1:10 000
Ausgabe 1994
Format: 87,5cm x 67cm gefaltet und ungefaltet lieferbar
siebenfarbig mit markierten Wanderwegen und Informationen zu touristischen und geographischen Besonderheiten des Gebietes .... DM **8,80**

WK 10 SG

WK 15 DH Wanderkarte der Dresdner Heide 1:15 000
Ausgabe: 1991
Format: 67,5cm x 73,5cm, gefaltet lieferbar
siebenfarbig mit markierten Wanderwegen und historischen Waldzeichen; auf der Rückseite Informationen und Abbildungen zu touristischen und geographischen Besonderheiten des Gebietes .... DM **8,80**

TOPOGRAPHISCHE KARTEN MIT SONDERTHEMATIK

WK 50 C **Chemnitz und Umgebung 1:50 000**
Ausgabe: 1997
Format: 67,5cm x 73,5cm, gefaltet und ungefaltet lieferbar
siebenfarbig mit markierten Wanderwegen; auf der Rückseite Informationen
zu touristischen Sehenswürdigkeiten . . . . DM **9,80**

WK 50 DD **Dresden und Umgebung 1:50 000**
Ausgabe: 1995
Format: 67,5cm x 73,5cm, gefaltet und ungefaltet lieferbar
achtfarbig mit markierten Wander- und Radwanderwegen; auf der Rückseite
Informationen zu touristischen Sehenswürdigkeiten . . . . DM **9,80**

WK 50 DD

Topographische Karte 1:50 000
TK 50 (WR) Ausgabe mit Wander- und Radwanderwegen
TK 50 (W) Ausgabe mit Wanderwegen
Angebote siehe Übersicht auf Seite 12
Format: 48,5cm x 86,4cm, gefaltet und ungefaltet lieferbar
siebenfarbig . . . . DM **9,80**

TOPOGRAPHISCHE KARTEN MIT SONDERTHEMATIK

LN 100 **Landnutzungskarte des Freistaates Sachsen 1:100 000**
Angebote siehe Übersicht auf Seite 13
Die Kartenblätter C 4738 Leipzig, C 5538 Zwickau und C 5938 Selb liegen im Sonderblattschnitt vor.
Ausgabe: 1995 bis 1997
Format: 48,5 x 75,6cm
vierfarbig mit Flächennutzungseinheiten nach digitalen Satellitenbilddaten gefaltet und ungefaltet lieferbar .... DM **12,00**

WK 25 **Topographische Karte 1:25 000 von Sachsen (Ausgabe mit Wanderwegen)**
Angebote siehe Übersicht auf Seite 23
Ausgabe: 1990 bis 1997
Format: 67,5cm x 73,5cm, gefaltet und ungefaltet lieferbar
siebenfarbig bzw. achtfarbig mit markierten Wanderwegen; auf der Rückseite Informationen zu touristischen und geographischen Besonderheiten des Gebietes und Verkehrsübersicht 1:200 000 .... DM **9,80**
WK 25/Blatt 52 DM **6,80**

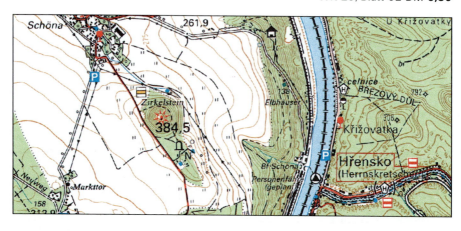

TOPOGRAPHISCHE KARTEN MIT SONDERTHEMATIK

Blattübersicht der Topographischen Karte 1:25 000 von Sachsen (Ausgabe mit Wanderwegen)
- WK 25 -

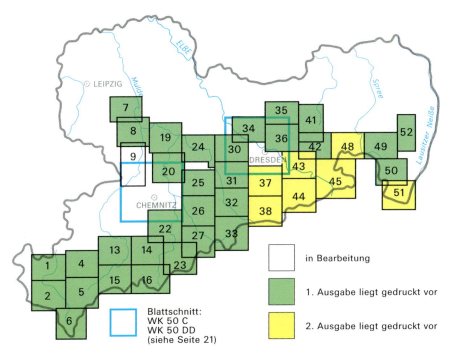

- in Bearbeitung
- 1. Ausgabe liegt gedruckt vor
- 2. Ausgabe liegt gedruckt vor

Blattschnitt:
WK 50 C
WK 50 DD
(siehe Seite 21)

1 Vogtland/Plauen
2 Vogtland/Oelsnitz
4 Vogtland/Auerbach
5 Vogtland/Schöneck, Klingenthal
6 Elstergebirge/Bad Elster, Bad Brambach
7 Naunhof, Grimma
8 Colditz
9 Rochlitz, Penig, Burgstädt
13 Westerzgebirge/Aue, Schneeberg
14 Westerzgebirge/Geyer, Schwarzenberg
15 Westerzgebirge/Eibenstock, Johanngeorgenstadt
16 Westerzgebirge/Kurort Oberwiesenthal
19 Döbeln, Waldheim, Leisnig
20 Hainichen, Mittweida
22 Zschopau
23 Mittleres Erzgebirge/Annaberg-Buchholz
24 Nossen, Roßwein
25 Freiberg, Oederan
26 Flöhatal/Lengefeld
27 Mittleres Erzgebirge/Marienberg, Olbernhau
30 Wilsdruff
31 Tharandter Wald
32 Osterzgebirge/Frauenstein
33 Osterzgebirge/Kurort Seiffen
34 Lößnitz/Friedewald, Moritzburg
35 Laußnitzer Heide, Keulenberg
36 Dresdner Heide, Seifersdorfer Tal
37 Dippoldiswalde, Kreischa, Dohna
38 Osterzgebirge/Altenberg
41 Kamenz, Pulsnitz
42 Stolpen, Neustadt i. Sa.
43 Sächsische Schweiz/Pirna
44 Kurort Berggießhübel, Kurort Bad Gottleuba, Bielatal
45 Sächsische Schweiz/Bad Schandau, Sebnitz
48 Lausitzer Bergland/Wilthen
49 Lausitzer Bergland/Löbau
50 Lausitzer Bergland/Neugersdorf
51 Zittauer Gebirge
52 Königshainer Berge

HISTORISCHE KARTEN

Für den historisch und heimatkundlich interessierten Bürger sind Nachdrucke alter topographischer Kartenwerke des Reichsamtes für Landesaufnahme des ehemaligen Deutschen Reiches erhältlich. Die historischen Karten können nur ungefaltet geliefert werden.
Vom Kartenblatt 4948 Dresden gibt es eine gefaltete Ausgabe mit farbig angelegtem Zerstörungskern vom 13. Februar 1945.

MB 25 Topographische Karte 1:25 000 - Meßtischblatt

Die Aufnahme dieses Kartenwerkes erfolgte von 1887 bis 1928. Eine unterschiedliche Aktualisierung wurde bis 1945 durchgeführt. Das Relief ist durch Höhenlinien dargestellt. Angebote siehe Übersicht auf Seite 26/27.

einfarbig, Format: 58,0 cm x 60,0 cm .... DM **6,80**
dreifarbig, Format: 58,0 cm x 60,0 cm .... DM **8,80**

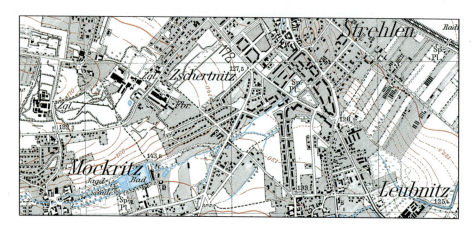

KDR 100 Karte des Deutschen Reiches 1:100 000

Die topographische Aufnahme erfolgte 1878 bis 1904. Neubearbeitungen und teilweise Aktualisierungen wurden bis 1945 durchgeführt. Das Relief ist durch Schraffen dargestellt. Angebote siehe Übersicht auf Seite 25.

Normalblatt, Format: 40,0 cm x 49,5 cm .... DM **6,00**
Großblatt, Format: 67,0 cm x 84,0 cm .... DM **7,00**

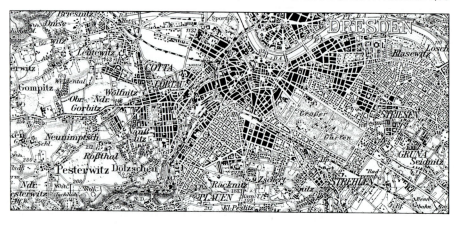

KARTE DES DEUTSCHEN REICHES 1 : 100 000

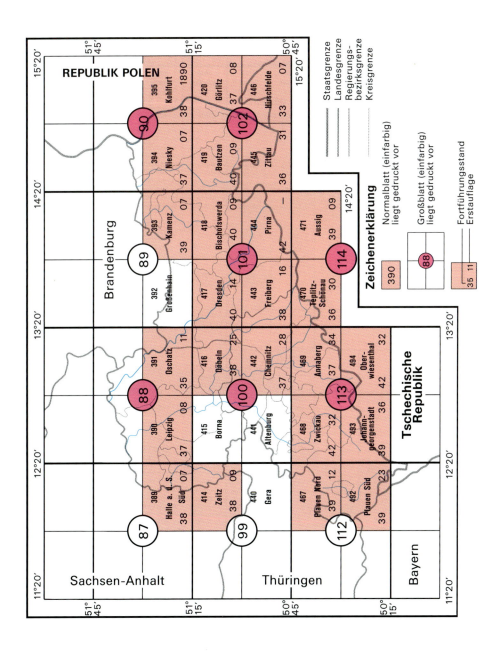

MESSTISCHBLATT 1 : 25 000

| | 12° | 12°20′ | 12°40′ | 13° | 13°20′ |

Sachsen-Anhalt

Nr.	Name
4342	Bad Schmiedeberg 31 04
4343	Prettin 32 04
4440	Delitzsch 31 03
4441	Düben 31 04
4442	Mockrehna 31 04
4443	Torgau (West) 32 04
4444	Torgau (Ost) 32 04
4445	Übigau 32 04
4539	Zwochau 38 07
4540	Zschortau 42 07
4541	Eilenburg 35 07
4542	Thallwitz 34 07
4543	Schildau 34 07
4544	Belgern 37 07
4545	Mühlberg 36 06
4546	Gröditz 42 05
4639	Leipzig (West) 39 07
4640	Leipzig (Ost) 41 08
4641	Brandis 27 07
4642	Wurzen 35 07
4643	Dahlen 41 37
4644	Wellerswalde 23 06
4645	Riesa 39 07
4646	Zeithain 42 03
4739	Zwenkau 39 08
4740	Markkleeberg 40 07
4741	Naunhof 40 07
4742	Grimma 27 07
4743	Mutzschen 22 06
4744	Oschatz 36 06
4745	Stauchitz 32 06
4746	Seußlitz 35 06
4839	Pegau 21 22
4840	Borna 36 08
4841	Bad Lausick 38 08
4842	Colditz 38 05
4843	Leisnig 37 13
4844	Döbeln 35 13
4845	Lommatzsch 35 14
4846	Meißen 34 14
4941	Frohburg 36 08
4942	Rochlitz 35 08
4943	Geringswalde 34 13
4944	Waldheim 37 13
4945	Roßwein 35 14
4946	Deutschenbora 35 11
5042	Penig 35 09
5043	Mittweida 36 15
5044	Frankenberg 37 16
5045	Langhennersdorf 39 13
5046	Freiberg 36 11
5140	Meerane 38 08
5141	Glauchau 26 09
5142	Hohenstein-Ernstthal 37 07
5143	Chemnitz 36 15
5144	Flöha 36 15
5145	Oederan 36 16
5146	Lichtenberg 36 12
5240	Zwickau 39 10
5241	Lichtenstein 37 09
5242	Stollberg 38 09
5243	Thalheim 36 27
5244	Zschopau 36 26
5245	Lengefeld 36 27
5246	Sayda 36 13
5340	Planitz 37 16
5341	Kirchberg 35 17
5342	Lößnitz 37 22
5343	Geyer 36 25
5344	Marienberg 36 24
5345	Zöblitz 39 26
5346	Olbernhau 37 12
5438	Plauen/Nord 38 09
5439	Treuen 34 09
5440	Auerbach 25 17
5441	Schneeberg 37 16
5442	Schwarzenberg 37 17
5443	Buchholz 36 24
5444	Annaberg 38 24
5445	Sebastiansberg 38 24
5538	Plauen/Süd 35 10
5539	Oelsnitz 38 12
5540	Falkenstein 37 27
5541	Eibenstock 34 25
5542	Johanngeorgenstadt 37 25
5543	Kurort Oberwiesenthal 37 25
5544	Hammerunterwiesenthal 36 28
5638	Bobenneukirchen 38 11
5639	Adorf 28 13
5640	Klingenthal 37 28
5641	Graslitz 39 21
5739	Bad Elster 33 10
5740	Landwüst 33 10

Thüringen — **Bayern** — **Tschechische Republik**

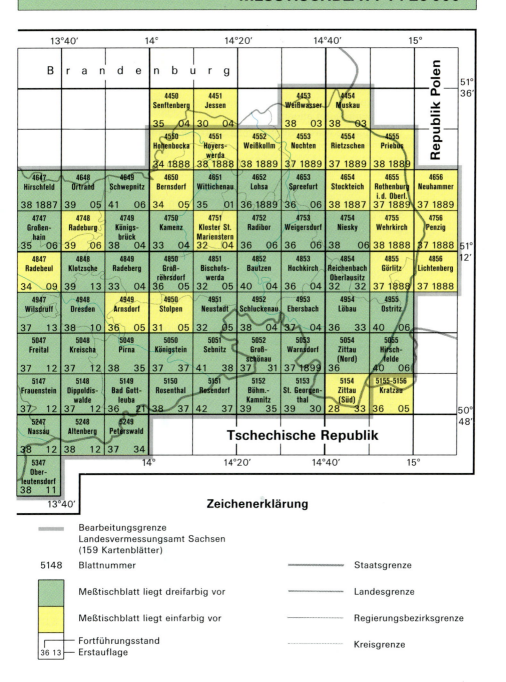

GEOLOGISCHE KARTEN

Herausgeber der geologischen Karten ist das Sächsische Landesamt für Umwelt und Geologie, Bereich Boden und Geologie, Halsbrücker Str. 31a in 09599 Freiberg, ☎ (0 37 31) 2 94-0.
Druck und Vertrieb erfolgen durch das Landesvermessungsamt Sachsen. Im allgemeinen werden diese Karten ungefaltet angeboten.

GK 25   **Geologische Karte / Geologische Spezialkarte 1:25 000**
(z. T. auch ehemals preußische Gebiete), 1875-1972
pro Kartendruck bzw. Farbkopie.......................... DM **24,00**
Erläuterungsheft.. DM **10,00**
siehe Übersicht auf Seite 32/33

GK 25 (N)   **Geologische Karte des Freistaates Sachsen**
1:25 000, gefaltet lieferbar
pro Kartendruck mit Erläuterungsheft..................... DM **50,00**
pro Kartendruck ohne Erläuterungsheft.................... DM **34,00**
siehe Übersicht auf Seite 32/33

GK 25 (AV)   Klingenthal/Sa.   1406-44, 1988, ohne Erläuterung .... DM **34,00**
Schöneck/Vogtl.   1406-43, 1989, ohne Erläuterung .... DM **34,00**
Plauen-W   1406-31, 1994, ohne Erläuterung .... DM **34,00**
Oelsnitz-S   1406-34, 1997, ohne Erläuterung .... DM **34,00**

BK 50   **Bodenkarte des Freistaates Sachsen 1:50 000**
Freiberg   L 5146, 1997, gefaltet lieferbar .... DM **34,00**
Olbernhau   L 5346, (erscheint ca. Mitte 1998),
gefaltet lieferbar .... DM **34,00**
Borna   L 4940 (erscheint ca. 4. Quartal 1998),
gefaltet lieferbar .... DM **34,00**

GK 50   **Geologische Karte der eiszeitlich bedeckten Gebiete von Sachsen**
1:50 000, 1994-1998, gefaltet lieferbar
pro Kartendruck .... DM **34,00**
siehe Übersicht auf Seite 34

LKQ 50   **Lithofazieskarte Quartär 1:50 000,** 1972-1987
nur im Satz erhältlich (jedes Blatt besteht aus 3 - 7 Karten)
pro Kartendruck bzw. Farbkopie.......................... DM **34,00**
Legende .... DM **24,00**
siehe Übersicht auf Seite 35

HK 50   **Hydrogeologische Karte 1:50 000,** 1983-1986
jedes Blatt besteht aus 3-10 Karten, einzeln lieferbar
pro Kartendruck bzw. Farbkopie.......................... DM **34,00**
Kopien der Nutzerrichtlinie auf Anfrage erhältlich.
siehe Übersicht auf Seite 36

GKZ   **Geologische Karte Zinnprognose**
- Teilgebiet Gottesberg 1:10 000, 1970 .... DM **6,00**

ÜB   **Stadtpläne mit Bergbaueintragungen ca. 1:7 500**
- Der Bergbau um Brand-Erbisdorf, 1991, gefaltet lieferbar .. DM **5,00**

GEOLOGISCHE KARTEN

GRK	**Geologische Regionalkarten**	
	Nr. 1 Geologische Karte der Nationalparkregion Sächsische Schweiz 1:50 000, 1993, gefaltet lieferbar................	DM **12,00**
	Nr. 2 Geologische Karte des Zinnbergbaugebietes Ehrenfriedersdorf/Geyer 1:25 000, 1993 [nur noch als Beilage mit Bergbaumonographie Bergbau in Sachsen, Band 1 (siehe Seite 43) lieferbar].	
	Nr. 3 Geologische Karte der nördlichen Oberlausitz 1:50 000, 1994, gefaltet lieferbar	DM **12,00**
GK 100	**Geologische Karte Erzgebirge/Vogtland 1:100 000,** West- und Ostblatt, 1995, gefaltet lieferbar	DM **60,00**
GK 100 (R)	**Mineralische Rohstoffe Erzgebirge-Vogtland/Krušné hory** Karte 2: Metalle, Fluorit/Baryt-Verbreitung und Auswirkungen auf die Umwelt 1:100 000, 1995	
	West- und Ostblatt (deutsche Version).................	DM **40,00**
	West- und Ostblatt (engl. Version).....................	DM **40,00**
	Erläuterungsheft (englisch)...........................	DM **5,00**
	[umfangreiche deutschsprachige Erläuterungen in „Bergbau in Sachsen, Band 3" (siehe Seite 43)]	
GÜK 100	**Geologische Übersichtskarte 1:100 000**	
	A Blatt Annaberg, 1955	DM **24,00**
	B Blatt Altenburg, 1954	DM **24,00**
	C Blatt Zittau, 1955	DM **24,00**
MMK 100	**Mittelmaßstäbige landwirtschaftliche-Standortkartierung 1:100 000,** 1979/1980	
	pro Mehrfarbendruck bzw. Farbkopie	DM **34,00**
	pro Konturendruck bzw. Farbkopie.....................	DM **24,00**
	siehe Übersicht auf Seite 37	
IK 100	**Ingenieurgeologische Karte 1:100 000** - Karte der Auslaugungserscheinungen	
	Blatt Gera, 1974.......................................	DM **24,00**
GK 200	**Geologische Karte 1:200 000**	
	pro Kartendruck bzw. Farbkopie	DM **34,00**
	siehe Übersicht auf Seite 38	
GÜK 200	**Geologische Übersichtskarte von Deutschland 1:200 000,** Blatt Dresden, 1959	DM **12,00**
HÜK 200	**Hydrogeologische Übersichtskarte 1:200 000,** 1962-1971	
	pro Kartendruck bzw. Farbkopie einschl. Erläuterungsheft ..	DM **24,00**
	siehe Übersicht auf Seite 39	

GEOLOGISCHE KARTEN

GÜK 400	Geologische Übersichtskarte des Freistaates Sachsen 1:400 000, 1992, Rückseite mit Erläuterung, gefaltet lieferbar	DM **18,00**
GÜK 400 o.Q.	Geologische Übersichtskarte des Freistaates Sachsen 1:400 000, 1994 - Karte ohne quartäre Bildungen, Rückseite mit Erläuterung, gefaltet lieferbar	DM **18,00**
GÜK 400 o. Kz.	Geologische Übersichtskarte des Freistaates Sachsen 1:400 000, 1995 - Karte ohne känozoische Sedimente, Rückseite mit Erläuterung, gefaltet lieferbar	DM **18,00**
BÜK 400	Übersichtskarte der Böden des Freistaates Sachsen 1:400 000, 1993, Rückseite mit Erläuterung, gefaltet lieferbar	DM **15,00**
GravÜK 400	Gravimetrische Übersichtskarte des Freistaates Sachsen 1:400 000, 1994, Rückseite mit Erläuterung, gefaltet lieferbar	DM **15,00**
MÜK 400	Geomagnetische Übersichtskarte des Freistaates Sachsen 1:400 000, 1996, Rückseite mit Erläuterung, gefaltet lieferbar	DM **15,00**
SeismÜK 400	Seismologische Übersichtskarte des Freistaates Sachsen 1:400 000, 1996, Rückseite mit Erläuterung, gefaltet lieferbar	DM **15,00**
GÜK 500	Geologische Karte der DDR 1:500 000 **A** Karte ohne känozoische Bildungen Blatt 1+2, 1962.... DM **12,00** **B** Laufzeiten seismischer Impulse, 1964 .... DM **12,00** **C** Geologische Karte ohne känozoische Sedimente, 1990. DM **24,00** **D** Tektonische Karte, 1989 .... DM **24,00** **E** Karte der Fotolineationen kosmischer Aufnahmen, 1990 .... DM **24,00**	
MK 500	Metallogenetische Karte des böhmischen Massives und nördlich angrenzender Regionen 1:500 000, 1977 Blatt 1+2	DM **24,00**
GRB	Gesamteinschätzung Ressourcenpotential Braunkohle 1:500 000, 1982 **A** Karte der Braunkohleressourcen .... DM **18,00** **B** Karte der Flözverbreitungen .... DM **18,00**	
SÜK 500	Schwerekarte der Länder Brandenburg, Mecklenburg-Vorpommern, Sachsen, Sachsen-Anhalt und Thüringen 1:500 000, 1995, gefaltet lieferbar	DM **25,00**

GEOLOGISCHE KARTEN

GK 25   Geologische Spezialkarte von Sachsen 1 : 25 000

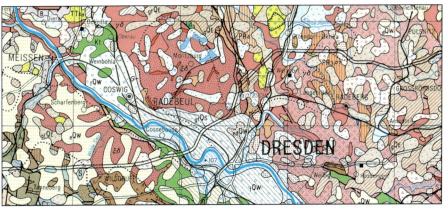

GÜK 400   Geologische Übersichtskarte des Freistaates Sachsen 1 : 400 000

UMWELTKARTEN

GewK 200	Gewässerkarte 1 : 200 000, 1996, gefaltet lieferbar . .	DM **12,00**
GewK 200 (P)	Gewässerkarte 1 : 200 000, mit Pegeln des Basismeßnetzes, 1996, nur gefaltet lieferbar	DM **15,00**
GewK 200 (T)	Gewässerkarte 1 : 200 000 mit Talsperren, Speichern und Rückhaltebecken, 1997, nur gefaltet lieferbar	DM **18,00**
SGK 200	Naturschutz, Schutzgebiete in Sachsen 1 : 200 000 1996, gefaltet lieferbar.	DM **12,00**
GGK 400	Gewässergütekarte des Freistaates Sachsen 1 : 400 000, 1994, gefaltet lieferbar . . . . (Ausgabe 1998 erscheint ca. Mitte 1998)	DM **12,00**

GEOLOGISCHE KARTE 1 : 25 000

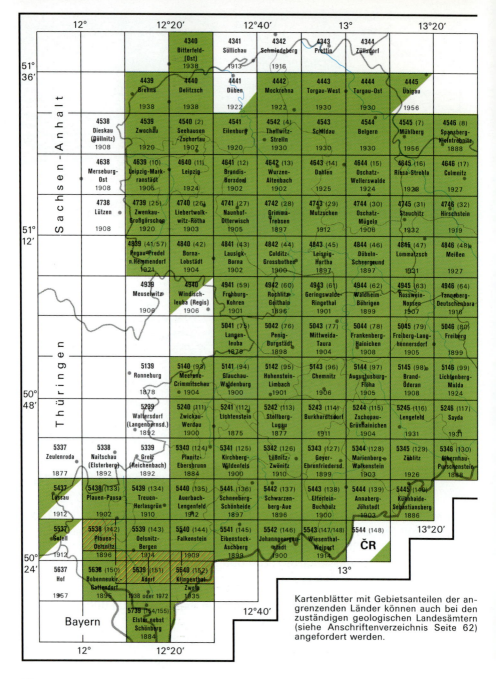

GEOLOGISCHE KARTE 1:25 000

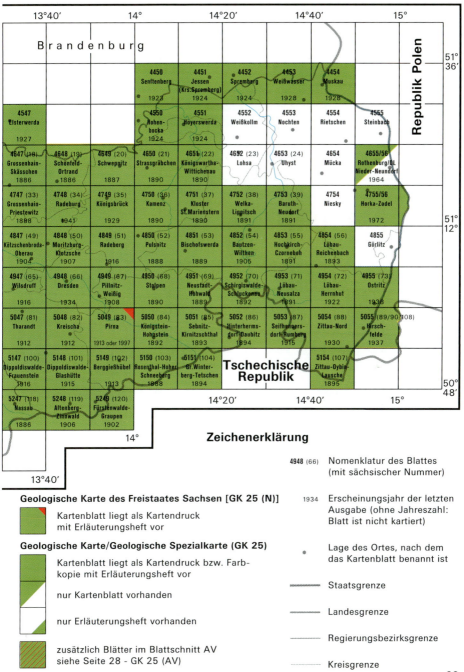

GEOLOGISCHE KARTE DER EISZEITLICH BEDECKTEN GEBIETE 1 : 50 000

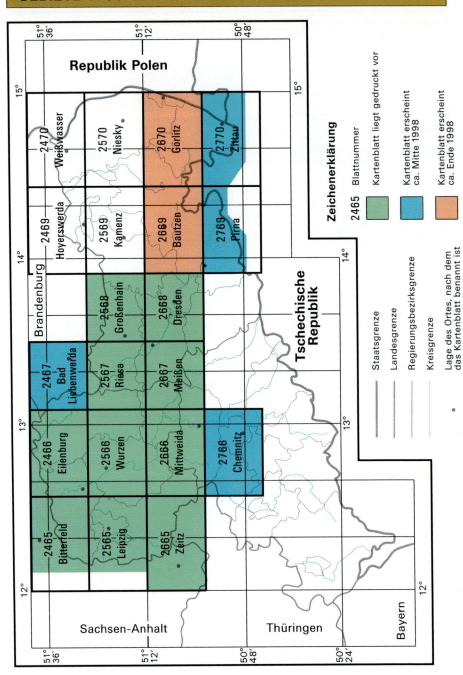

LITHOFAZIESKARTE QUARTÄR 1:50 000

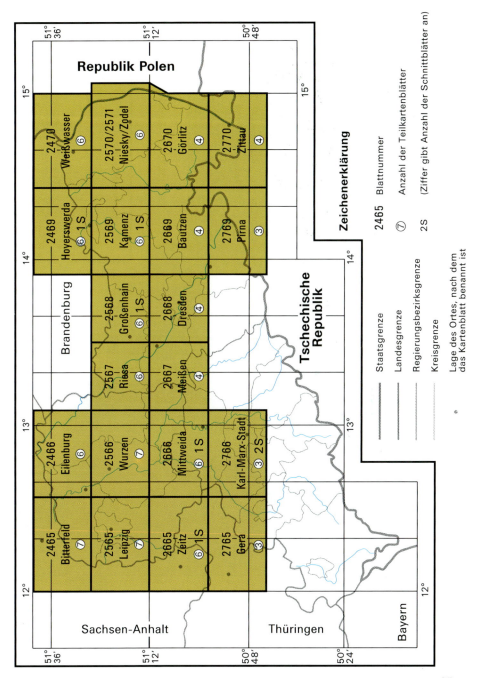

HYDROGEOLOGISCHE KARTE 1:50 000

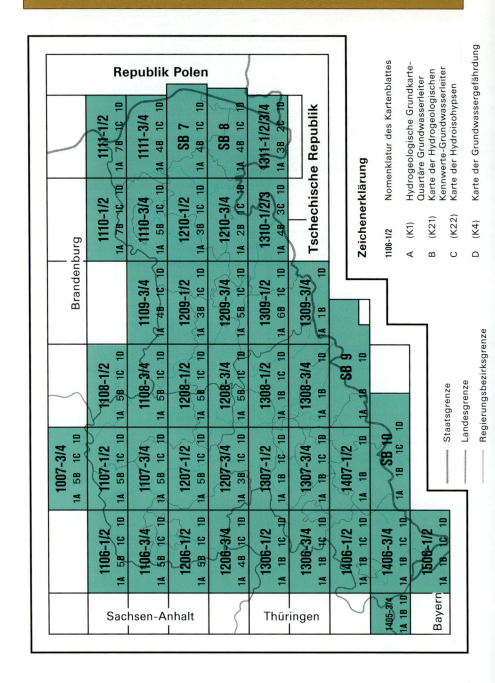

MITTELMASSSTÄBIGE LANDWIRTSCHAFTLICHE STANDORTKARTIERUNG 1:100 000

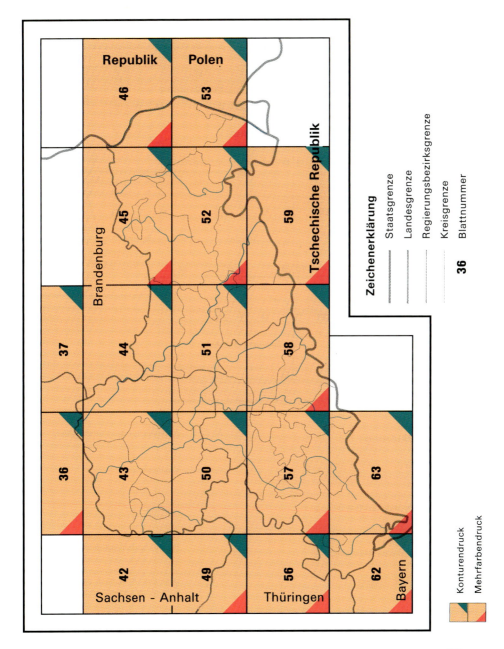

GEOLOGISCHE KARTE 1:200 000

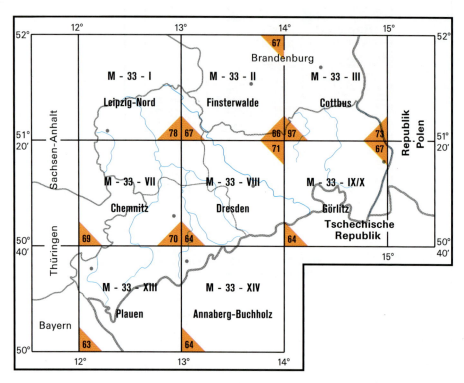

Zeichenerklärung

- Karte der quartären Bildungen mit vereinfachter Darstellung des Präquartärs
- Karte ohne quartäre Bildungen
- Karte ohne känozoische Bildungen
- 64 Erscheinungsjahr

M-33-I Nomenklatur des Kartenblattes

— Staatsgrenze
— Landesgrenze
— Regierungsbezirksgrenze
• Lage des Ortes, nach dem das Kartenblatt benannt ist

HYDROGEOLOGISCHE ÜBERSICHTSKARTE 1:200 000

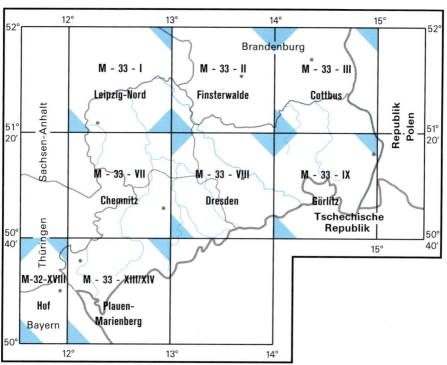

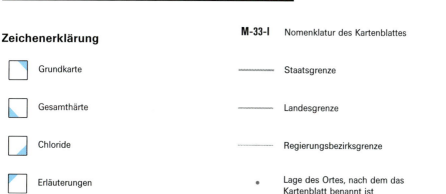

DRUCKSCHRIFTEN

Gesetz über die Landesvermessung und das Liegenschaftskataster im Freistaat Sachsen
(Sächsisches Vermessungsgesetz — **SVermG**) vom 20. Juni 1991 in der Fassung vom 2. August 1994
Fundstelle: SächsGVBl. 50/94 vom 25. August 1994 .... DM **5,00**

Vorläufige Verwaltungsvorschrift des Sächsischen Staatsministeriums des Innern über das Nivellementpunktfeld
(NivP-Vorschrift — **VwVNivP**) vom 12. Juli 1991 .... DM **7,00**

Einrichtung und Erhaltung des Aufnahmepunktfeldes
(AP-Erlaß) vom 27. Juli 1992 .... DM **9,00**

Verwaltungsvorschrift des Sächsischen Staatsministeriums des Innern über das trigonometrische Festpunktfeld
(TP-Vorschrift — **VwVTP**) vom 10. Dezember 1992 .... DM **8,00**

Verwaltungsvorschrift des Sächsischen Staatsministeriums des Innern über die Durchführung von Katastervermessungen und Grenzfeststellungen
(Katastervermessungsvorschrift — **VwVKatVerm**) vom 23. Februar 1993 DM **6,00**

Verordnung des Sächsischen Staatsministeriums des Innern über Öffentlich bestellte Vermessungsingenieure im Freistaat Sachsen
(ÖbV-Verordnung — **ÖbVVO**) vom 22. April 1993 in der Fassung vom 2. August 1994
Fundstelle: SächsGVBl. 50/94 vom 25. August 1994 .... DM **5,00**

Verwaltungsvorschrift des Sächsischen Staatsministeriums des Innern über Begriffsbestimmungen und deren einheitliche Anwendung bei Katastervermessungen und Grenzfeststellungen
(**VwVVermBeg**) vom 13. Juli 1993 .... DM **5,00**

Verwaltungsvorschrift des Sächsischen Staatsministeriums des Innern über die vermessungs- und katastertechnische Bearbeitung von Verfahren nach dem Gesetz über die Feststellung der Zuordnung von ehemals volkseigenem Vermögen
(VwV — **VZOG**) vom 29. September 1993
Fundstelle: SächsABl. 47/93 vom 21. Oktober 1993 .... DM **5,00**

Verwaltungsvorschrift des Sächsischen Staatsministeriums des Innern über die Durchführung von Bildflugvorhaben und die Einrichtung des Luftbildarchivs des Freistaates Sachsen
(Luftbildarchivvorschrift — **VwVLArch**) vom 29. September 1993
Fundstelle: SächsAVBl. 47/93 vom 21. Oktober 1993 .... DM **5,00**

Verordnung des Sächsischen Staatsministeriums des Innern über das Liegenschaftskataster, die Abmarkung und die Bekanntgabe von Verwaltungsakten der Vermessungsbehörden (Liegenschaftskatasterverordnung — **LiKaVO**) vom 17. Dezember 1993
Fundstelle: SächsGVBl. 6/94 vom 11. Februar 1994 .... DM **5,00**

Verwaltungsvorschrift des Sächsischen Staatsministeriums des Innern über die Führung der vermessungstechnischen Unterlagen
(**VwVVU**) vom 11. April 1994 .... DM **14,00**

Verwaltungsvorschrift des Sächsischen Staatsministeriums des Innern über Punktkennzeichen und Punktnumerierung
(Punktnumerierungsvorschrift — **VwVPNum**) vom 20. Mai 1994 .... DM **5,00**

DRUCKSCHRIFTEN

Zweite Verordnung des Sächsischen Staatsministeriums der Finanzen über die Festsetzung der Verwaltungsgebühren und Auslagen (Auszug)
(Zweites Sächsisches Kostenverzeichnis — 2. SächsKVZ) vom 4. März 1997 mit Erläuterungen und Hinweisen zur Anwendung für den Bereich des Vermessungswesens
(ErlVermGeb) vom 16. April 1997.................................... DM **7,00**

Verordnung des Sächsischen Staatsministeriums des Innern und des Sächsischen Staatsministeriums für Landwirtschaft, Ernährung und Forsten über die Ausbildung und Prüfung für den höheren vermessungstechnischen Verwaltungsdienst
(SächsVermAPO-hD) vom 1. November 1993
Fundstelle: SächsGVBl. 51/93 vom 15. Dezember 1993 .... DM **5,00**

Verwaltungsvorschrift des Sächsischen Staatsministeriums des Innern und des Sächsischen Staatsministeriums für Landwirtschaft, Ernährung und Forsten über die Ausbildung für den höheren vermessungstechnischen Verwaltungsdienst
(SächsVermAAnw-hD) vom 25. März 1996
Fundstelle: SächsABl. 20/96 vom 17. Mai 1996 .... DM **5,00**

Verordnung des Sächsischen Staatsministeriums des Innern über die Ausbildung und Prüfung für den gehobenen kartographischen Verwaltungsdienst
(SächsKartAPO-gD) vom 24. November 1993
Fundstelle: SächsGVBl. 54/93 vom 30. Dezember 1993 .... DM **5,00**

Verwaltungsvorschrift des Sächsischen Staatsministeriums des Innern über die Ausbildung für den gehobenen kartographischen Verwaltungsdienst
(SächsKartAAnw-gD) vom 2. März 1994 .... DM **5,00**

Verordnung des Sächsischen Staatsministeriums des Innern über die Ausbildung und Prüfung für den gehobenen vermessungstechnischen Verwaltungsdienst
(SächsVermAPO-gD) vom 17. Januar 1994
Fundstelle: SächsGVBl. 10/94 vom 3. März 1994 .... DM **5,00**

Verwaltungsvorschrift des Sächsischen Staatsministeriums des Innern über die Ausbildung für den gehobenen vermessungstechnischen Verwaltungsdienst
(SächsVermAAnw-gD) vom 7. November 1994 .... DM **5,00**

Verordnung des Sächsischen Staatsministeriums des Innern über die Ausbildung und Prüfung für den mittleren kartographischen Verwaltungsdienst
(SächsKartAPO-mD) vom 3. Juni 1993
Fundstelle: SächsGVBl. 26/93 vom 7. Juli 1993 .... DM **5,00**

Verwaltungsvorschrift des Sächsischen Staatsministeriums des Innern über die Ausbildung für den mittleren kartographischen Verwaltungsdienst
(SächsKartAAnw-mD) vom 6. Januar 1994 .... DM **5,00**

Verordnung des Sächsischen Staatsministeriums des Innern über die Ausbildung und Prüfung für den mittleren vermessungstechnischen Verwaltungsdienst
(SächsVermAPO-mD) vom 3. Juni 1993
Fundstelle: SächsGVBl. 26/93 vom 7. Juli 1993 .... DM **5,00**

Verwaltungsvorschrift des Sächsischen Staatsministeriums des Innern über die Ausbildung für den mittleren vermessungstechnischen Verwaltungsdienst
(SächsVermAAnw-mD) vom 18. Februar 1994 .... DM **5,00**

DRUCKSCHRIFTEN-GEOLOGIE

Abhandlungen des Sächsischen Geologischen Landesamtes

Heft	Autor	Titel	Jahr	Gebühr
3	Gothan, W.	Strukturzeigende Pflanzen aus dem Oberdevon von Wildenfels	1927	DM 5,00
5	Gothan, W.	Über einige Kulmpflanzen von Koßberg bei Plauen i. V.	1927	DM 5,00
7	Rost, M.	Geologie des Kristallinen Grundgebirges am Erzgebirgsrand zwischen Keilberg und Klösterle	1928	DM 5,00
11	Weg, O.	Die zwischengebirgische Prasinitscholle bei Hainichen-Berbersdorf	1931	DM 5,00
12	Gothan, W.	Die Altersstellung des Karbons von Flöha i. Sa. im Karbonprofil auf Grund der Flora	1932	DM 5,00
14	Ebert, H.	Das Grundgebirge im Elbtale nördlich von Tetschen	1934	DM 5,00
15	Härtel, F.	Forstliche Standortkartierung der Dippoldiswalder und Hirschbach-Heide südlich von Dresden	1936	DM 5,00
16	Grahmann, R.	Der sächsische Landesgrundwasserdienst	1935	DM 5,00
17	Härtel, F.	Geologisch-bodenkundliche Kartierung der Forstreviere Cunnersdorf und Nikolsdorf im Elbsandsteingebirge	1938	DM 5,00
18	Hartung, W.	Flora und Altersstellung des Karbons von Hainichen, Ebersdorf und Borna bei Chemnitz	1938	DM 5,00
19	Seifert, A.	Gerichtete Brauneisenanreicherungen im Elbsandsteingebirge	1939	DM 5,00
20	Jurasky, K.	Der Veredlungszustand der sudetenländischen Braunkohlen als Folge vulkanischer Durchwärmung	1940	DM 5,00
21	Uhlig, A.	Die cenoman-turone Übergangszone in der Gegend von Dresden	1941	DM 5,00
22	Lemke, E.	Die Fischreste aus den permischen Brandschiefern am Fuße des Riesengebirges	1942	DM 5,00

Fehlende Nummern sind vergriffen!

	Chrt, J., Bolduan, H. u. a.	Die postmagmatische Mineralisation des Westteiles der Böhmischen Masse. Sbor. Geol. Ved., 5 S., 1 Kartenbeilage	1966	DM 8,00

DRUCKSCHRIFTEN-GEOLOGIE

Geoprofil

Heft 1: Beiträge zum Niederlausitzer Braunkohlenrevier
15 Autoren, 3 farbige Kartenbeilagen 1:200 000, 1989 .... DM **24,00**

Heft 2: BRAUSE, H.: Beiträge zur Geodynamik des
Saxothuringikums.- 1990 .... DM **24,00**

Heft 3: Beiträge zur Lagerstättengeologie im Raum Erzgebirge/
Vogtland. Tagung Ehrenfriedersdorf 1988.- 16 Beiträge,
31 Autoren, 1991 .... DM **24,00**

Heft 4: WOLF, L. & SCHUBERT, G: Die spättertiären bis elstereiszeitlichen Terrassen der Elbe und ihrer Nebenflüsse und die Gliederung der Elster-Kaltzeit in Sachsen. Und weitere Arbeiten.-
7 Beiträge, 13 Autoren, Kartenblattbeilagen, 1992 .... DM **24,00**

Heft 5: Geowissenschaftliche Karten und Kartierung im Freistaat
Sachsen.- 7 Beiträge, 12 Autoren, 1995 .... DM **24,00**

Heft 6: Geophysik in Sachsen.- 7 Beiträge, 16 Autoren, mit eingelegter
Karte SÜK 500 (vgl. Seite 30), 1996 .... DM **35,00**

Heft 7: KUSCHKA, F.: Atlas der Hydrothermalite des Vogtlandes,
Erzgebirges und Granulitgebirges.- 1997 .... DM **30,00**

Heft 8 125 Jahre amtliche Geologie in Sachsen.- erscheint 1998

Heft 9 K. v. STORCH: Mineral- und Thermalwässer Sachsens.-
erscheint voraussichtlich 1998

Bergbau in Sachsen (Bergbaumonographien)

Band 1 HÖSEL, G. et al.: Das Zinnerz-Lagerstättengebiet Ehrenfriedersdorf/Erzgebirge.- 189 S., 132 Abb., mit eingelegter
Karte GRK Nr. 2 (siehe Seite 28), 1994 .... DM **38,50**

Band 2 KUSCHKA, E. & HAHN, W.: Flußspatlagerstätten des Südwestvogtlandes Schönbrunn, Bösenbrunn, Wiedersberg.- 283 S.,
201 Abb., Anlagen, 1996 .... DM **54,00**

Band 3 HÖSEL, G., TISCHENDORF, G., WASTERNACK, J. et al.:
Erläuterungen zur Karte „Mineralische Rohstoffe Erzgebirge-
Vogtland / Krušné hory 1:100 000 ...." [GK 100 (R), siehe
S. 29], 144 S., 54 Abb., 1997 .... DM **25,00**

Band 4 HÖSEL, G. et al.: Das Lagerstättengebiet Geyer.-
112 S., 110 Abb., 1996 .... DM **25,00**

Band 5 ILGNER, E.-M. & HAHN, W.: Die Schwerspatlagerstätte
Brunndöbra und das Schwerspatvorkommen Schnarrtanne im
Ostvogtland/Westerzgebirge.- erscheint 1998

Exkursionsführer

Heft 1: Exkursionsführer zum Alt- und Vorpaläozoikum des Görlitzer
Schiefergebirges und der westlichen Westsudeten.
Hirschmann und Brause, GGW Berlin, 1969 .... DM **12,00**

Heft 2: Exkursionsführer zur 31. Jahrestagung der GGW in Freiberg 1984
(Exkursionen im sächsischen Raum) .... DM **12,00**

Heft 3: Geologischer Lehrpfad Freiberg, 80 Seiten,
3 Kartenbeilagen, Freiberg 1986 .... DM **12,00**

Bibliographie

Mitteilungen aus der Geologischen Landesuntersuchung GmbH und
ihren Vorläuferinstitutionen. Publikationsverzeichnis 1962-1990,
Freiberg 1991 .... DM **8,00**

ATLAS ZUR GESCHICHTE UND LANDESKUNDE VON SACHSEN

Der Atlas zur Geschichte und Landeskunde von Sachsen (Sächsischer Geschichtsatlas) wird von der Philologisch-historischen Klasse der Sächsischen Akademie der Wissenschaften zu Leipzig in Verbindung mit dem Landesvermessungsamt Sachsen herausgegeben.
Druck und Vertrieb erfolgen durch das Landesvermessungsamt Sachsen.
Der Atlas wird voraussichtlich in 10 Lieferungen zu je 10 Kartenblättern erscheinen. Der bevorzugte Maßstab der Karten ist 1 : 400 000. Das Format der Kartenblätter ist in der Regel 50 cm x 63 cm. Die Karten werden ungefaltet angeboten. Zu jedem Kartenblatt gehört ein Beiheft, das den Inhalt der Karte erläutert.
Die Karten können auch als Einzelblätter mit Beiheft erworben werden.
Folgende Kartenblätter sind in Bearbeitung:

A 2.1	Satellitenbild Sachsen
B II 2	Ortsformen, 1 : 400 000
B II 3	Flurformen, 1 : 400 000
B II 4	Hochmittelalterliche Burgen, 1 : 400 000
B II 5	Herrschaftliche Güter, 1 : 400 000
C IV 1	Gemarkungen um 1900, 1 : 400 000
C V 2	Verwaltungsgliederung 1990, 1 : 400 000
C V 3.1	Topographische Übersichtskarte von Sachsen 1990, Nordwestsachsen 1 : 200 000
C V 3.2	Topographische Übersichtskarte von Sachsen 1990, Südwestsachsen 1 : 200 000
C V 3.3	Topographische Übersichtskarte von Sachsen 1990, Mittel- und Ostsachsen 1 : 200 000
G II 1	Ortsnamen, 1 : 400 000
G II 3	Mundartliche Wortgeographie
H 14	Schulkarte des Königreichs Sachsen, 1810
H 16	Postkarte von dem Königreiche Sachsen, 1825

H 14 Schulkarte des Königreichs Sachsen, 1810   DM **11,50**

LUFTBILDER

Luftbildarchiv

Das Luftbildarchiv des Landesvermessungsamtes Sachsen bewahrt die seit 1983 hergestellten Luftbilder für das Gebiet des Freistaates Sachsen auf. Es führt den Nachweis über alle von Landesbehörden, Landkreisen und Gemeinden in Auftrag gegebenen Bildflüge und archiviert alle öffentlich - rechtlich aufgenommenen und ihm aus privat-rechtlichen Aufnahmen übergebenen Originalluftbilder.
Seit 1992 werden Luftbildaufnahmen im Maßstab 1:16 000 auf Color-Diapositiv- oder Schwarz-Weiß-Negativfilm durchgeführt, orientiert nach dem Blattschnitt der topographischen Karten.
Soweit bereits digital bearbeitet, sind von den Luftbildern und Luftbildkarten auch Bilddaten erhältlich (siehe Übersicht Seite 48).

Nachweis der Bildflüge

Das Landesvermessungsamt Sachsen gibt jährlich eine Bildflugübersicht heraus. Diese Übersicht enthält - soweit dem Landesvermessungsamt Sachsen mitgeteilt - Angaben zu allen im Vorjahr durchgeführten und zu den für das laufende Jahr als geplant gemeldeten Bildflügen. Die Bildflugübersicht wird gegen eine Gebühr in Höhe von 25,00 DM abgegeben.

Nutzung von Luftbildern

Auskünfte und Auszüge aus dem Luftbildarchiv erhält jeder Interessent, soweit dem nicht öffentliche Belange entgegenstehen. Auf Antrag werden von Luftbildern Kontaktkopien und maßstäbliche Vergrößerungen (auch Ausschnitte) angefertigt.
Zur Auskunftserteilung über vorhandene Luftbilder und Bezugsbedingungen von Luftbildkopien werden die folgenden Angaben benötigt:

    Abgrenzung des Aufnahmegebietes, Jahr und Zeit des
    Bildflugs, gewünschter Maßstab, Nutzungszweck

Die Gebühren für Auszüge aus dem Luftbildarchiv betragen:
Kontaktkopie: **28,00 DM** auf Papier / **31,00 DM** auf Film
Vergrößerung: **50,00 DM** bis **103,00 DM** auf Papier
                            59,00 DM bis **154,00 DM** auf Film

Für eigene nichtgewerbliche Zwecke dürfen Luftbilder vom Antragsteller uneingeschränkt verwendet werden. Vervielfältigung, Veröffentlichung sowie die photogrammetrische Auswertung von Luftbildern, Luft- und Orthobilddaten bedürfen der ausdrücklichen vorherigen Erlaubnis des Landesvermessungsamtes Sachsen.
Auskünfte erteilt die Luftbildstelle des Landesvermessungsamtes Sachsen
☎ (03 51) 82 83-307 oder 433

ORTHOPHOTOS UND LUFTBILDKARTEN

Von den Luftbildern der topographischen Landesaufnahme werden Orthophotos und Luftbildkarten 1:10 000 angefertigt [siehe Bearbeitungs- und Aktualitätsstand in den Übersichten auf dem Einlegeblatt TK 10 (N) Rückseite]. Orthophotos und Luftbildkarten sind kartengenaue Bilddarstellungen, die man durch Differentialentzerrung der Luftbilder auf Geländehöhe erhält.

Die Gebühren für Orthophotos und Luftbildkarten betragen:

Orthophoto 1:10 000: **33,00 DM** auf Papier
35,00 DM auf Film
Luftbildkarte 1:10 000: **44,00 DM** auf Papier
47,00 DM auf Film

Luftbildkarte 1:10 000

Auskünfte: ☎ (03 51) 82 83-6 08 u.- 3 42

DIGITALE DATEN

Luftbild- und Orthobilddaten

Seit 1996 werden die Luftbilder der topographischen Landesaufnahme (Bildmaßstab ca. 1:16 000) digital ausgewertet. Die Scandaten dieser Luftbilder (Luftbilddaten) stehen zur allgemeinen Nutzung bereit (s. Übersicht S.48). Von den Luftbildern der Landesaufnahme existieren in der Regel auch Orthobilddaten. Sie werden als Einzelorthobilder oder als Orthobildmosaike [Blattschnitt der TK 10 (N)] abgegeben. Zur Georeferenzierung der Orthobilddaten werden die Landeskoordinaten der Bild- bzw. Einzelbildmosaikecken mitgeliefert. In ausgewählten Gebieten können auf Anfrage die Orthobildmosaikdaten zusätzlich mit Kartenrahmen und Beschriftung als Postscriptfiles geliefert werden.

Technische Parameter der Daten

Luftbilddaten

Aufnahmeformate:	– 15/23 und 30/23
Bildmaßstab:	– ca. 1:16 000
Scangenauigkeit:	– < 3 µm
Scanauflösung (Pixelgröße):	– 12,5 µm, 15, 25 oder 30 µm
Datenumfang:	– ca. 370, 240, 90 oder 60 MB
Datenformat:	– TIFF (unkomprimiert)
Datenabgabe:	1. Streamer-Tape (DC 6150; 150 MB)
	2. DATA-Cartridge (DAT DDS 60; 1,6 GB)
	3. Exabyte (QG 112M; 2,2 GB)
	4. 3,5" Diskette
	5. CD-ROM

Orthobilddaten

Bodenauflösung:	– 0,40 m (tlw. 0,30 m)
Projektionsgenauigkeit:	– < 0,50 m
Abgabeprodukt:	– Orthobild, Orthobildmosaik [TK 10 (N)]
Datenumfang:	– ca. 180 MB
Datenformat:	– TIFF (unkomprimiert)
Datenabgabe:	1. Streamer-Tape (DC 6150; 150 MB)
	2. DATA-Cartridge (DAT DDS 60; 1,6 GB)
	3. Exabyte (QG 112M; 2,2 GB)
	4. 3,5" Diskette
	5. CD-ROM

Gebühren

Luftbilddaten

Bei Auflösung:	166 L/cm (60 µm) bis 400 L/cm (25 µm)	ab 400 L/cm (25 µm)
– 1. bis 10. Luftbild:	**80,00 DM**/Bild	**120,00 DM**/Bild
– 11. bis 50. Luftbild:	**64,00 DM**/Bild	**96,00 DM**/Bild
– ab dem 51. Luftbild:	**56,00 DM**/Bild	**80,00 DM**/Bild

Orthobilddaten

Bei Bodenauflösung 0,20 m bis 0,40 m (in der Natur)

– 1. bis 5 000. km^2:	**15,00 DM**/km^2
– 5 001. bis 25 000. km^2:	**10,00 DM**/km^2

Die Mindestgebühr für die Abgabe von Luftbild- und Orthobilddaten beträgt **500,00 DM** je Antragstellung. Die Gebühren erhöhen sich bei Mehrplatzlizenzen und besonders aufwendiger Datenaufbereitung.

DIGITALE DATEN

Luftbilddaten

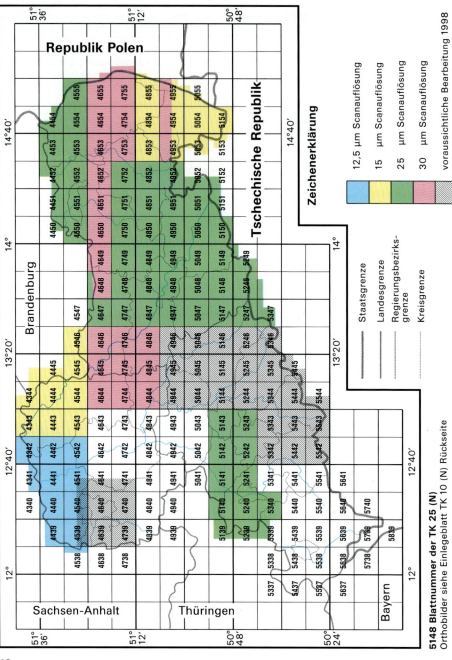

DIGITALE DATEN

Automatisiertes Liegenschaftsbuch (ALB)

Diese Daten liegen flächendeckend für das Gebiet des Freistaates Sachsen vor. Sie können bei den jeweils zuständigen Staatlichen bzw. Städtischen Vermessungsämtern beantragt werden (siehe Anschriftenverzeichnis).
Die Abgabe des dazugehörigen Gemarkungsschlüsselkataloges erfolgt durch das Landesvermessungsamt Sachsen.
Auskunft: ☎ (03 51) 82 83 - 240 u. - 250

Automatisierte Liegenschaftskarte (ALK)

Die Einrichtung der ALK wurde mit der Digitalisierung der Katasterkarten ab 1994 begonnen. Sie wird auch 1998 bedarfsorientiert fortgesetzt. Die Datenabgabe erfolgt im SQD-Format.
Auskunft: ☎ (03 51) 82 83 - 529

Amtliches Topographisch-Kartographisches Informationssystem (ATKIS)

Zur Wirtschaftsführung und in der modernen Verwaltung werden zunehmend raumbezogene digitale Daten von topographischen Objekten und des Reliefs der Erdoberfläche benötigt.
Im Gesetz über die Landesvermessung und das Liegenschaftskataster im Freistaat Sachsen (SVermG) wird dieser Forderung durch die Einrichtung und Führung des Amtlichen Topographisch-Kartographischen Informationssystems - ATKIS - im Landesvermessungsamt Sachsen Rechnung getragen.
Das Informationssystem ATKIS wird in den Ländern der Bundesrepublik Deutschland nach einheitlichen Gesichtspunkten erstellt.

ATKIS besteht aus Digitalen Landschaftsmodellen (DLM) verschiedener Informationsfülle, welche die Landschaft in geometrischer Hinsicht beschreiben. Zur kartographischen Präsentation dieser vektorbasierten Geometrie können geeignete Präsentationsverfahren eingesetzt werden.
Das Digitale Landschaftsmodell beinhaltet Digitale Situationsmodelle (DSM) und Digitale Geländehöhenmodelle (DGM). Die Realisierung von ATKIS erfolgt nach einem Schrittkonzept. Eine erste Realisierungsstufe des DLM 25 (DLM 25/1), das sich inhaltlich an die Topographische Karte 1 : 25 000 (N) anlehnt und die Landschaft durch ein DSM geometrisch exakt in zweidimensionaler Form beschreibt, konnte 1997 fertiggestellt werden. Die Zusammenführung mit dem DGM erfolgt in einer späteren Realisierungsstufe.
Die DLM 25/1-Daten sind für den Freistaat Sachsen flächendeckend und blattschnittfrei im EDBS-Format (Einheitliche Datenbankschnittstelle) verfügbar.

Für das Gesamtgebiet des Freistaates Sachsen steht das Digitale Höhenmodell DHM/M 745 der Bundeswehr zur Verfügung (DHM 50). Die Erarbeitung des ATKIS-DGM 25 (Objektgruppe 6100) hat den auf den Seiten 51, 52 dargestellten Stand erreicht. Es enthält noch keine besonderen Geländeoberflächenformen, wie Dämme, Einschnitte, Fels- und Erdbrüche usw.

DIGITALE DATEN

Technische Parameter des DLM 25/1   DLM 25

Kartengrundlagen
Digitalisierungsgrundlage: — Topographische Karte 1:10 000
Geodätisches Bezugssystem: — Gauß-Krüger-Koordinaten des 3°-Meridianstreifensystems, Bessel-Ellipsoid
Lagegenauigkeit: — ± 3-5 m für wesentliche lineare Objekte, Knoten und ausgewählte Punkte
Datenbestand:
— Straßen und ihre baulichen Anlagen
— Wege
— Eisenbahnen und ihre baulichen Anlagen
— Gewässer und ihre baulichen Anlagen
— administrative Grenzen
— Flächen (Industrie, Wohnbau, Freizeit, bodenwirtschaftliche Nutzung)

Technische Grundlagen
Datenstruktur: — Vektordaten
Datenformat: — EDBS, SQD
Datenumfang: — ⌀ 6 bis 8 MB je TK 25 (N), max. 11 MB
Datenabgabe:
1. Streamer-Tape (DC 6150; 150 MB)
2. DATA-Cartridge (DAT DDS 60; 1,6 GB)
3. Exabyte (QG 112M; 2,2 GB)
4. CD-ROM

Die ATKIS-Daten liegen blattschnittfrei vor, d. h. die Abgabe erfolgt innerhalb eines durch Koordinaten bestimmten Gebietes.

Gebühren DLM 25/1-Daten

Landschaftsfläche in km^2	Bereitstellungsgebühr in DM/km^2
1. - 5 000.	30
5 001. - 25 000.	15

Die Mindestgebühr für die Abgabe von ATKIS-Daten beträgt **650,00 DM** je Antragstellung.

Einzelne Objektbereiche sind an der vollen Bereitstellungsgebühr prozentual wie folgt beteiligt:

Siedlung   25%
Verkehr   40%
Vegetation   25%
Gewässer   10%
Gebiete   10%

Die Mindestgebühr für die Abgabe nur einzelner Objektbereiche und für die Abgabe von Teilmengen einzelner Objektbereiche beträgt **500,00 DM** je Antragstellung.
Die Gebühren erhöhen sich bei der Nutzung von Mehrplatzlizenzen und bei besonders aufwendiger Datenaufbereitung.

DIGITALE DATEN

Technische Angaben

ATKIS - DGM 25

Datengrundlage: Digital-photogrammetrische Luftbildauswertung mit Ergänzung durch Reliefdigitalisierung der Topographischen Karte 1:10 000
Geodätisches Bezugssystem: Gauß-Krüger-Koordinaten im 3°-Meridianstreifensystem, Bessel-Ellipsoid
Höhensystem: HN (Kronstädter Pegel)
Höhengenauigkeit: $< \pm 2$ m bei Luftbildauswertung
Netzpunktabstand: 40 m (teilweise 20 m)
Datenformat: ASCII-Datei (RW [m], HW [m], Höhe [0,1 m])
Datenabgabe:
1. DATA-Cartridge (2,0 GB + 4,0 GB)
2. Streamer-Tape (DC 6150, 150 MB)
3. Exabyte (QG 112 M; 2,2 GB)
4. 3,5" Diskette
5. CD-ROM

Bearbeitungsstand siehe Übersicht auf Seite 52.

DHM/M 745

Datengrundlage: Reliefdigitalisierung der Militärtopographischen Karte 1:50 000 (M 745)
Geodätisches Bezugssystem: Gauß-Krüger-Koordinaten im 3°-Meridianstreifensystem, Bessel-Ellipsoid
Höhensystem: NN (Amsterdamer Pegel)
Höhengenauigkeit:
$< \pm$ 5 m im Flachland
$< \pm$ 9 m im Berg- und Hügelland
$< \pm$ 15 m im Gebirge
Netzpunktabstand: 25 m und 200 m
Datenformat: ASCII-Datei (RW [m], HW [m], Höhe [0,1 m])
Datenabgabe:
1. DATA-Cartridge (2,0 GB + 4,0 GB)
2. Streamer-Tape (DC 6150, 150 MB)
3. Exabyte (QG 112 M; 2,2 GB)
4. 3,5" Diskette
5. CD-ROM

Die Daten des DHM/M 745 liegen für den Freistaat Sachsen flächendeckend vor.

Gebühren

Landschaftsfläche in km^2	Bereitstellungsgebühr in DM/km^2	
	DGM 25	DHM/M 745
1. - 5 000.	6	3
5 001. - 25 000.	3	2

Die Mindestgebühr für die Abgabe von DGM - bzw. DHM - Daten beträgt **500,00 DM** je Antragstellung.
Die Gebühren erhöhen sich bei der Nutzung von Mehrplatzlizenzen und bei besonders aufwendiger Datenaufbereitung.

DIGITALE DATEN

ATKIS-DGM 25

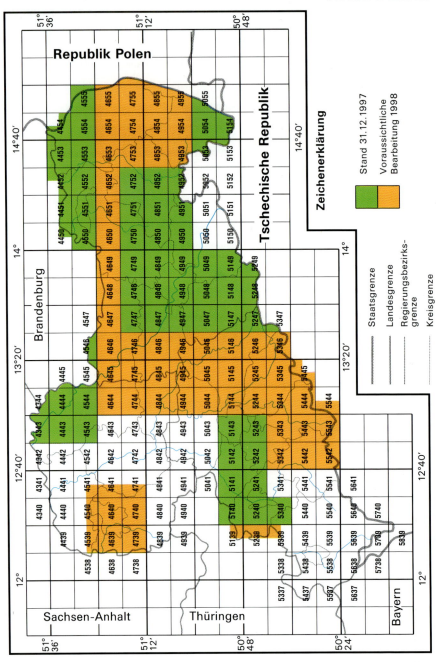

DIGITALE DATEN

Rasterdaten TK 10 (3 Bildebenen)   RD 10

Rasterdaten der Topographischen Karten 1:10 000 [TK 10 (N) oder TK 10 (AS)] liegen in 3 Bildebenen flächendeckend für das Gebiet des Freistaates Sachsen vor (siehe beiliegende Übersichten).
Ein Kartenblatt besteht aus 3 Bildebenen (siehe unten). Die Bildebenen können auch einzeln beantragt werden. Die Bereitstellung dieses Datenbestandes in 4 Bildebenen wird schrittweise durchgeführt (s. S. 54.).

Kartengrundlagen

Geodätisches Bezugssystem:	— Gauß-Krüger-Koordinaten des 3°-Meridianstreifensystems, Bessel-Ellipsoid
Höhensystem:	— auf HN (Höhen-Null-Punkt des Kronstädter Pegels) bezogene Normalhöhen
Stand:	— überwiegend 1987-1994

Technische Grundlagen

Rasterdatenformat:	— TIFF-B, Group 1 bis 4; PCX
Datenstruktur:	— pro Kartenblatt 4 Datenfiles
Originalauflösung:	1. 200 Linien/cm (508 dpi) · Grundriß, Hydrographie, Schrift, Netz · Vegetation
	2. 320 Linien/cm (813 dpi) · Relief
Pixelgröße in der Karte:	1. 0,05mm x 0,05mm
	2. 0,03mm x 0,03mm
Pixelgröße in der Natur:	1. 0,5m x 0,5m
	2. 0,3m x 0,3m
Datenumfang (pro Kartenblatt):	— TIFF 1: 80-100 MB; TIFF 2: 3-5 MB TIFF 3: 2-3 MB; TIFF 4: 1-2 MB
Datenabgabe:	1. Streamer-Tape (DC 6150; 150 MB)
	2. DATA-Cartridge (DAT DDS 60; 1,6 GB)
	3. Exabyte (QG 112M; 2,2 GB)
	4. 3,5" Diskette
	5. CD-ROM

Gebühren RD 10

Die Bereitstellungsgebühr pro Kartenblatt in Abhängigkeit der Anzahl der Kartenblätter beträgt:

— bis 9. Kartenblatt	**496,00 DM** /Kbl. TK 10 (N) bzw. **320,00 DM** /Kbl. TK 10 (AS)
— ab dem 10. bis 199. Kartenblatt	**396,80 DM** /Kbl. TK 10 (N) bzw. **256,00 DM** /Kbl. TK 10 (AS)
— ab dem 200. Kartenblatt	**347,20 DM** /Kbl. TK 10 (N) bzw. **224,00 DM** /Kbl. TK 10 (AS)

Bei Lieferung von TK-Rasterdaten nur einzelner Ebenen fällt eine anteilige Bereitstellungsgebühr an: Grundriß mit Gewässer 50%; Relief 35% und Vegetation 15%.

Die Mindestgebühr beträgt, auch bei Abgabe einzelner Ebenen, **500,00 DM** je Antragstellung.
Die Gebühren erhöhen sich bei der Nutzung von Mehrplatzlizenzen und bei besonders aufwendiger Datenaufbereitung.

Bildfile

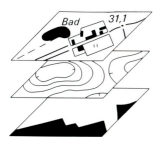

Grundriß (Kartenrahmen, Siedlungen, Grenzen, Verkehrswege, Kartennamen schwarz)

mit Gewässer

Relief (Höhenlinien, Kartennamen braun)

Vegetation

Headerfile

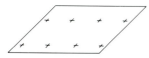

Koordinaten (Blatteckenwerte)

DIGITALE DATEN

Rasterdaten TK 10 (4 Bildebenen)   RD 10

Rasterdaten der Topographischen Karten 1:10 000 [TK 10 (N)] werden in 4 Bildebenen 1999 flächendeckend für das Gebiet des Freistaates Sachsen vorliegen.
Ein Kartenblatt der TK 10 (N) besteht aus 4 Bildebenen (siehe unten). Die Bildebenen können auch einzeln beantragt werden.

Kartengrundlagen

Geodätisches Bezugssystem:	— Gauß-Krüger-Koordinaten des 3°-Meridianstreifensystems, Bessel-Ellipsoid
Höhensystem:	— auf HN (Höhen-Null-Punkt des Kronstädter Pegels) bezogene Normalhöhen
Stand:	— 1993-1996

Technische Grundlagen

Rasterdatenformat:	— TIFF-B, Group 1 bis 4; PCX
Datenstruktur:	— pro Kartenblatt 5 Datenfiles
Originalauflösung:	— 200 Linien/cm (508 dpi)
Pixelgröße in der Karte:	— 0,05mm x 0,05mm
Pixelgröße in der Natur:	— 0,5m x 0,5m
Datenumfang (pro Kartenblatt):	— TIFF 1: 80-100 MB; TIFF 2: 3-5 MB TIFF 3: 2-3 MB; TIFF 4: 1-2 MB
Datenabgabe:	1. Streamer-Tape (DC 6150; 150 MB) 2. DATA-Cartridge (DAT DDS 60; 1,6 GB) 3. Exabyte (QG 112M; 2,2 GB) 4. 3,5" Diskette 5. CD-ROM

Gebühren RD 10

Die Bereitstellungsgebühr pro Kartenblatt in Abhängigkeit der Anzahl der Kartenblätter beträgt:

— bis 9. Kartenblatt   **496,00 DM** /Kartenblatt
— ab dem 10. bis 199. Kartenblatt   **396,80 DM** /Kartenblatt
— ab dem 200. Kartenblatt   **347,20 DM** /Kartenblatt

Bei Lieferung von TK-Rasterdaten nur einzelner Ebenen fällt eine anteilige Bereitstellungsgebühr an: Grundriß 60%; Gewässer 5%; Relief 20%; Vegetation 15%.
Die Mindestgebühr beträgt, auch bei Abgabe einzelner Ebenen, **500,00 DM** je Antragstellung.
Die Gebühren erhöhen sich bei der Nutzung von Mehrplatzlizenzen und bei besonders aufwendiger Datenaufbereitung.

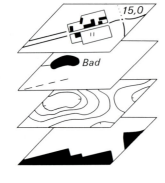

Bildfile

Grundriß (Kartenrahmen, Siedlungen, Grenzen, Verkehrswege, Kartennamen schwarz)

Gewässer (Konturen, Flächen, Kartennamen blau)

Relief (Höhenlinien, Kartennamen braun)

Vegetation

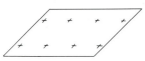

Headerfile

Koordinaten (Blatteckenwerte)

DIGITALE DATEN

Rasterdaten TK 25 — RD 25

Rasterdaten der Topographischen Karten 1:25 000 [TK 25 (N)] liegen flächendeckend für das Gebiet des Freistaates Sachsen vor (siehe Übersicht auf Seite 10/11).
Ein Kartenblatt der TK 25 (N) besteht aus 4 Bildebenen (siehe unten). Die Bildebenen können auch einzeln beantragt werden.

Kartengrundlagen
Geodätisches Bezugssystem: — Gauß-Krüger-Koordinaten des 3°-Meridianstreifensystems, Bessel-Ellipsoid
Höhensystem: — auf HN (Höhen-Null-Punkt des Kronstädter Pegels) bezogene Normalhöhen
Stand: — 1987-1996

Technische Grundlagen
Rasterdatenformat: — TIFF-B, Group 1 bis 4; PCX
Datenstruktur: — pro Kartenblatt 5 Datenfiles
Originalauflösung: — 200 Linien/cm (508 dpi)
Pixelgröße in der Karte: — 0,05mm x 0,05mm
Pixelgröße in der Natur: — 1,25m x 1,25m
Datenumfang (pro Kartenblatt): — TIFF 1: 50 MB; TIFF 2: 5 MB
                                 TIFF 3: 3 MB; TIFF 4: 2,5 MB
Datenabgabe: 1. Streamer-Tape (DC 6150; 150 MB)
2. DATA-Cartridge (DAT DDS 60; 1,6 GB)
3. Exabyte (QG 112M; 2,2 GB)
4. 3,5" Diskette
5. CD-ROM

Gebühren RD 25

Die Bereitstellungsgebühr pro Kartenblatt in Abhängigkeit der Anzahl der Kartenblätter beträgt:
— bis 9. Kartenblatt **320,00 DM** /Kartenblatt
— ab dem 10. Kartenblatt **256,00 DM** /Kartenblatt
Bei Lieferung von TK-Rasterdaten nur einzelner Ebenen fällt eine anteilige Bereitstellungsgebühr an: Grundriß 60%; Gewässer 5%; Relief 20%; Vegetation 15%.
Die Mindestgebühr beträgt, auch bei Abgabe einzelner Ebenen, **500,00 DM** je Antragstellung.
Die Gebühren erhöhen sich bei der Nutzung von Mehrplatzlizenzen und bei besonders aufwendiger Datenaufbereitung.

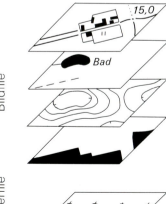

Grundriß (Kartenrahmen, Siedlungen, Grenzen, Verkehrswege, Kartennamen schwarz)

Gewässer (Konturen, Flächen, Kartennamen blau)

Relief (Höhenlinien, Kartennamen braun)

Vegetation

Koordinaten (Blatteckenwerte)

DIGITALE DATEN

Rasterdaten TK 50   RD 50

Rasterdaten der Topographischen Karten 1:50 000 [TK 50 (N)] liegen flächendeckend für das Gebiet des Freistaates Sachsen vor (siehe Übersicht auf Seite 12).
Ein Kartenblatt der TK 50 (N) besteht aus 4 Bildebenen (siehe unten). Bildebenen können auch einzeln beantragt werden.

Kartengrundlagen

Geodätisches Bezugssystem:	— Gauß-Krüger-Koordinaten des 3°- Meridianstreifensystems, Bessel-Ellipsoid
Höhensystem:	— auf HN (Höhen-Null-Punkt des Kronstädter Pegels) bezogene Normalhöhen
Stand:	— 1984-1995

Technische Grundlagen

Rasterdatenformat:	— TIFF-B, Group 1 bis 4; PCX
Datenstruktur:	— pro Kartenblatt 5 Datenfiles
Originalauflösung:	— 200 Linien/cm (508 dpi)
Pixelgröße in der Karte:	— 0,05mm x 0,05mm
Pixelgröße in der Natur:	— 2,5m x 2,5m
Datenumfang (pro Kartenblatt):	— TIFF 1: 20-25 MB; TIFF 2: 2 MB TIFF 3: 1,5 MB; TIFF 4: 1,5 MB
Datenabgabe:	1. Streamer-Tape (DC 6150; 150 MB) 2. DATA-Cartridge (DAT DDS 60; 1,6 GB) 3. Exabyte (QG 112M; 2,2 GB) 4. 3,5" Diskette 5. CD-ROM

Gebühren RD 50

Die Bereitstellungsgebühr pro Kartenblatt in Abhängigkeit der Anzahl der Kartenblätter beträgt:

— bis 9. Kartenblatt   **320,00 DM** /Kartenblatt
— ab dem 10. Kartenblatt   **256,00 DM** /Kartenblatt

Bei Lieferung von TK-Rasterdaten nur einzelner Ebenen fällt eine anteilige Bereitstellungsgebühr an: Grundriß 60%; Gewässer 5%; Relief 20%; Vegetation 15%.
Die Mindestgebühr beträgt, auch bei Abgabe einzelner Ebenen, **500,00 DM** je Antragstellung.
Die Gebühren erhöhen sich bei der Nutzung von Mehrplatzlizenzen und bei besonders aufwendiger Datenaufbereitung.

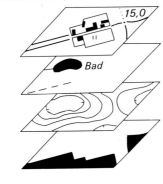

Bildfile:
- Grundriß (Kartenrahmen, Siedlungen, Grenzen, Verkehrswege, Kartennamen schwarz)
- Gewässer (Konturen, Flächen, Kartennamen blau)
- Relief (Höhenlinien, Kartennamen braun)
- Vegetation

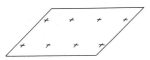

Headerfile: Koordinaten (Blatteckenwerte)

DIGITALE DATEN

Rasterdaten der TK 100 — RD 100

Rasterdaten der Topographischen Karten 1:100 000 [TK 100 (N)] liegen flächendeckend für das Gebiet des Freistaates Sachsen vor (siehe Übersicht auf Seite 13).
Ein Kartenblatt der TK 100 (N) besteht aus 6 Bildebenen (siehe unten). Bildebenen können auch einzeln beantragt werden.

Kartengrundlagen

Geodätisches Bezugssystem:	— Gauß-Krüger-Koordinaten des 3°-Meridianstreifensystems, Bessel-Ellipsoid
Höhensystem:	— auf HN (Höhen-Null-Punkt des Kronstädter Pegels) bezogene Normalhöhen
Stand:	— 1984-1992

Technische Grundlagen

Rasterdatenformat:	— TIFF-B, Group 1 bis 4; PCX
Datenstruktur:	— pro Kartenblatt 7 Datenfiles
Originalauflösung:	— 160 Linien/cm (406 dpi)
Pixelgröße in der Karte:	— 0,06mm x 0,06mm
Pixelgröße in der Natur:	— 6m x 6m
Datenumfang (pro Kartenblatt):	— TIFF 1: 30-50 MB; TIFF 2: 4 MB TIFF 3: 2,5 MB; TIFF 4: 2 MB
Datenabgabe:	1. Streamer-Tape (DC 6150; 150 MB) 2. DATA-Cartridge (DAT DDS 60; 1,6 GB) 3. Exabyte (QG 112M; 2,2 GB) 4. 3,5" Diskette 5. CD-ROM

Gebühren RD 100

Die Bereitstellungsgebühr pro Kartenblatt in Abhängigkeit der Anzahl der Kartenblätter beträgt:
— bis 9. Kartenblatt   **320,00 DM** /Kartenblatt
— ab dem 10. Kartenblatt   **256,00 DM** /Kartenblatt

Bei Lieferung von TK-Rasterdaten nur einzelner Ebenen fällt eine anteilige Bereitstellungsgebühr an: Grundriß, Kartennamen schwarz 60%; Gewässer, Gewässerfläche 5%; Relief 20%; Vegetation 15%.
Die Mindestgebühr beträgt, auch bei Abgabe einzelner Ebenen, **500,00 DM** je Antragstellung.
Die Gebühren erhöhen sich bei der Nutzung von Mehrplatzlizenzen und bei besonders aufwendiger Datenaufbereitung.

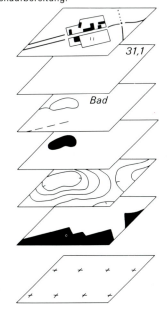

Bildfile
- Grundriß (Kartenrahmen, Siedlungen, Grenzen, Verkehrswege)
- Kartennamen
- Gewässer (Konturen, Kartennamen blau)
- Gewässerflächen
- Relief (Höhenlinien, Kartennamen braun)
- Vegetation

Headerfile
- Koordinaten (Blatteckenwerte)

DIGITALE DATEN

Rasterdaten der Übersichtskarte von Sachsen 1:200 000   RD 200

Die Übersichtskarte von Sachsen 1:200 000 kann in Rasterdatenform erworben werden. Als Ausgangsmaterial für das Scannen wurden die Einzelfolien der analogen Karte verwendet. Dabei entstanden 6 Bildebenen (siehe unten), die auch einzeln beantragt werden können.

Die Rasterdaten der Übersichtskarte von Sachsen lassen sich mit den Vektordaten der Verwaltungsgrenzen der Übersichtskarte von Sachsen (s. S. 59) kombinieren, da beide Produkte aus der gleichen Ausgangskarte hergestellt wurden.

Kartengrundlagen

Geodätisches Bezugssystem:	— Gauß-Krüger-Koordinaten des 6°-Meridianstreifensystems, Bessel-Ellipsoid (Mittelmeridian 12° oder 15° ö.L.)
Höhensystem:	— auf HN (Höhen-Null-Punkt des Kronstädter Pegels) bezogene Normalhöhen
Stand:	— 1995

Technische Grundlagen

Rasterdatenformat:	— TIFF-B, Group 1 bis 4; PCX
Datenstruktur:	— 7 Datenfiles
Originalauflösung:	— 200 Linien/cm (508 dpi)
Pixelgröße in der Karte:	— 0,05mm x 0,05mm
Pixelgröße in der Natur:	— 10m x 10m
Datenumfang:	— TIFF 1: 256 MB; TIFF 2: 12,5 MB; TIFF 3: 8 MB; TIFF 4: 5,5 MB
Datenabgabe:	1. Streamer-Tape (DC 6150; 150 MB) 2. DATA-Cartridge (DAT DDS 60; 1,6 GB) 3. Exabyte (QG112 M; 2,2 GB) 4. CD-ROM

Gebühren RD 200

Die Bereitstellungsgebühr beträgt **1248,00 DM**. Bei Lieferung von TK-Rasterdaten nur einzelner Ebenen fällt eine anteilige Bereitstellungsgebühr an: Grundriß, Kartennamen schwarz 60%; Gewässer 5%; Relief 20%; Vegetation 15%; Straßenfüllung und Bebauungsflächenton 10%.
Die Mindestgebühr beträgt, auch bei Abgabe einzelner Ebenen, **500,00 DM** je Antragstellung.
Die Gebühren erhöhen sich bei der Nutzung von Mehrplatzlizenzen und bei besonders aufwendiger Datenbereitung.
Die Datenabgabe erfolgt nur für die gesamte Fläche des Freistaates Sachsen.

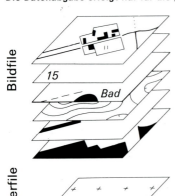

Bildfile

Grundriß (Kartenrahmen, Siedlungen, Grenzen, Verkehrswege)

Kartennamen schwarz

Gewässer (Konturen, Flächen, Kartennamen blau)

Relief (Höhenlinien, Kartennamen braun)

Straßenfüllung und Bebauungsflächenton

Vegetation

Headerfile

Koordinaten (Paßpunkte)

DIGITALE DATEN

Vektordaten der Verwaltungsgrenzen zur Übersichtskarte von Sachsen 1:200 000   VÜK 200

Die Vektordaten der Übersichtskarte von Sachsen wurden auf der Grundlage der Übersichtskarte von Sachsen 1:200 000 erstellt.
Entsprechend der administrativen Bedeutung wird nach Staats-, Landes-, Regierungsbezirks-, Kreis- und Gemeindegrenzen unterschieden. Des weiteren wurden die visuellen Ortsmittelpunkte digitalisiert.
Gemeinsam mit den Graphikdaten liegen folgende Sachdaten vor:

— Gemeindenamen und -kennzahl
— Status (mit/ohne Stadtrecht)
— Einwohnerzahl
— Fläche
— Koordinaten der Ortsmittelpunkte
— Kreiszugehörigkeit

Die Abgabe ist sowohl für die gesamte Fläche des Freistaates Sachsen als auch für die Regierungsbezirke Dresden, Chemnitz und Leipzig möglich. Die Vektordaten der Verwaltungsgrenzen können in 2 unterschiedlichen Versionen beantragt werden:

1. Version: Stand vor Kreisgebietsreform (4/93)
2. Version: Kreisneugliederung ab 1.8.1994

Kartengrundlagen

Geodätisches Bezugssystem: — Gauß-Krüger-Koordinaten des 6°-Meridianstreifensystems, Bessel-Ellipsoid (Mittelmeridian 12° oder 15° ö.L.)

Bearbeitungsstand: — quartalsweise Aktualisierung

Technische Grundlagen

Datenformat:	— SQD/SQS
Datenstruktur:	— Vektordaten (Graphik- und Sachdaten)
Originalmaßstab:	— 1:200 000
Datenumfang:	— Graphik SQD 6 MB — Sachdaten SQS 15 MB
Datenabgabe:	1. Streamer-Tape (DC 6150; 150 MB) 2. DATA-Cartridge (DAT DDS 60; 1,6 GB) 3. Exabyte (QG 112 M; 2,2 GB) 4. 3,5" Diskette 5. CD-ROM

Gebühren VÜK 200

Die Bereitstellungsgebühr beträgt **700,00 DM** (Graphik- und Sachdaten) bzw. **340,00 DM** für Graphikdaten und **510,00 DM** für Sachdaten für die gesamte Fläche von Sachsen. Die Bereitstellungsgebühr für die Datenabgabe einzelner Regierungsbezirke wird auf Anfrage mitgeteilt.
Die Mindestgebühr beträgt, auch bei Abgabe einzelner Regierungsbezirke, **200,00 DM** je Antragstellung.
Die Gebühr für die Abgabe aktualisierter Daten zur Laufendhaltung eines bereits erworbenen Datenbestandes (Updates) wird in Abhängigkeit der nach Quartalen bemessenen Zeitdauer seit der letzten Datenabgabe berechnet.
Die Gebühren erhöhen sich bei der Nutzung von Mehrplatzlizenzen.

BEZUGSBEDINGUNGEN

Antrag

Die in diesem Verzeichnis aufgeführten **Karten, Luftbilder und Druckschriften** können direkt bzw. mit beiliegendem Formular schriftlich beantragt werden beim:
- Landesvermessungsamt Sachsen — Katastersicherung/Kartenvertrieb (Karten)
  — Luftbildstelle (Luftbilder)

  Dienstgebäude: Olbrichtplatz 3, 01099 Dresden
  Postanschrift: Postfach 10 03 06, 01073 Dresden
  Telefon: (03 51) 82 83-6 08 (Karten)
                    -3 07 (Luftbilder)
  Telefax: (03 51) 82 83-2 02

Karten-Anträge größeren Umfangs sind schriftlich zu richten an:
- Landesvermessungsamt Sachsen
  Katastersicherung/Kartenvertrieb Schlema
  Dienstgebäude: Auer Straße 98, 08301 Schlema
  Telefon/Telefax: (0 37 72) 2 25 64

Anträge, die per Fax eingehen, werden wie schriftliche Anträge bearbeitet.

Es werden folgende Angaben erbeten:

bei Karten:
- Kurzbezeichnung
- Blattnummer und Blattname
- Anzahl der Kartenblätter und Ausgabeart (gefaltet, ungefaltet)
- Antragstellernummer (wenn vorhanden)

bei Luftbildern:
- Abgrenzung des Aufnahmegebietes
- Jahr und Zeit des Bildflugs
- Maßstab der gewünschten Abbildung
- Nutzungszweck

Die topographischen Karten Ausgabe (N) können gefaltet oder ungefaltet beantragt werden. Die Ausgabeart aller sonstigen Karten findet sich bei der Beschreibung der jeweiligen Karte. Fehlen genauere Angaben zur Lieferart, wird, soweit es nicht nur die ungefaltete Ausgabe gibt, die gefaltete Ausgabe geliefert.

Für den **Kauf digitaler Daten** ist ein schriftlicher Antrag zu richten an:
- Landesvermessungsamt Sachsen - Lenkungs- und Koordinierungsstelle
  Dienstgebäude: Olbrichtplatz 3, 01099 Dresden
  Postanschrift: Postfach 10 03 06, 01073 Dresden
  Telefon: (03 51) 82 83-5 11/-3 54/-5 01
  Telefax: (03 51) 82 83-2 02

Es werden folgende Angaben erbeten:
- Antragsteller, Auftraggeber
- mit der Ausführung beauftragter Dritter:
- Kartenwerk, Maßstab, Blattnummer, Blattname
- ggf. Begrenzung des Kartenausschnittes durch Angabe der Koordinaten
  links unten:
  rechts oben:
- Datenbeschreibung:
- Datenträger und Datenformat:
- Betriebssystem und Sicherungsverfahren, Aufzeichnungsprogramm:
- genutzte Kartenelemente (Objekte, Ebenen):
- Verwendungszweck:
- vorgesehene Erzeugnisse, in welche die Daten einfließen:
- Anzahl der Vervielfältigung analog:
- Anzahl der Vervielfältigung digital:
- genutzte Kartenbildfläche (dm^2):
- Anzahl der Lizenzen (Angabe der Anzahl der Arbeitsplätze, an denen die Daten bearbeitet werden.):

BEZUGSBEDINGUNGEN

Beantragung einer Vervielfältigungserlaubnis

Vervielfältigungen der vom Landesvermessungsamt Sachsen herausgegebenen Karten, Luftbilder, digitalen Daten und Druckschriften sind gemäß §12 Sächsisches Vermessungsgesetz vom 20. Juni 1991 in der Fassung vom 2. August 1994 nur mit vorheriger Erlaubnis des Landesvermessungsamtes Sachsen zulässig. Als Vervielfältigung, auch von Teilen, gelten z.B. Nachdruck, Fotokopie, Mikroverfilmung, Digitalisierung, Scannen sowie Abzeichnung. Entsprechend ist die photogrammetrische Auswertung von Luftbildern genehmigungspflichtig. Gleiches gilt für thematische Karten und Druckschriften, die vom Sächsischen Landesamt für Umwelt und Geologie herausgegeben und durch das Landesvermessungsamt Sachsen vertrieben werden.

Die Vervielfältigungserlaubnis wird immer nur für das jeweils aktuelle Kartenmaterial erteilt. Zur Erteilung einer Erlaubnis für analoge Vervielfältigungen, Digitalisieren/Scannen und die Weitergabe digitaler Daten bedarf es ebenfalls eines schriftlichen Antrags (Angaben siehe Kauf digitaler Daten auf Seite 57).

Eine Erlaubnis kann nur für <u>einen konkreten</u> Verwendungszweck sowie <u>eine konkrete</u> Anzahl von Vervielfältigungen beantragt werden.

Zu allen weiteren Fragen über Vervielfältigungserlaubnisse sowie entstehende Gebühren werden Sie vom Landesvermessungsamt Sachsen schriftlich oder fernmündlich beraten:

Analoge Vervielfältigungen: ☎ (03 51) 82 83 - 2 04
Digitalisierung, digitale Daten: ☎ (03 51) 82 83 - 5 11/-3 54
Luftbilder: ☎ (03 51) 82 83 - 3 07/-4 33

Sonderanfertigungen

Das Landesvermessungsamt Sachsen fertigt auf Antrag von allen Karten Farbkopien, Lichtpausen, Montagen, Vergrößerungen, Verkleinerungen, Einzel- und Zusammenkopien auf Film, Folie oder anderen Materialien an.

Antragsentgegennahme und Beratung erfolgen beim Referat Kartenreproduktion des Landesvermessungsamtes Sachsen: ☎ (03 51) 82 83 - 4 23

Zahlung

Die Gebühren und Auslagen berechnen sich nach dem Verwaltungskostengesetz des Freistaates Sachsen vom 15. April 1992 (SächsGVBl. 16/92 vom 08. Mai 1992).

Lieferungen an Antragsteller im Ausland können nur gegen Vorauszahlung erfolgen.

Bei Überschreitung der im Kostenbescheid angegebenen Zahlungsfrist werden Mahngebühren und Verzugszinsen erhoben.

Vom Antragsteller vorgeschriebene Zahlungsbedingungen können nicht anerkannt werden.

Bei Beantragung größerer Mengen analoger Karten **(Kartendrucke)** kann eine Gebührenermäßigung erfragt werden.

Beim Bezug von geologischen Karten, Druckschriften, Erläuterungen und Sonderanfertigungen wird kein Mengenrabatt gewährt.

Versand

Zusätzlich zu § 12 Abs. 1 Sächs. VwKG werden für Verpackungs- und Versandkosten Auslagen erhoben, soweit es sich nicht um Standardsendungen handelt.

Der Versand erfolgt auf Gefahr des Antragstellers.

Beanstandungen wegen fehlerhafter oder unvollständiger Sendungen können nur innerhalb von einem Monat nach Empfang geltend gemacht werden.

Beantragte und richtig gelieferte Erzeugnisse des Landesvermessungsamtes Sachsen (Karten, Luftbilder, digitale Daten und Druckschriften) sind von der Rücknahme und dem Umtausch ausgeschlossen.

Soweit keine anderen Angaben erfolgt sind, gilt immer der Besteller als Zahlungspflichtiger.

Stornierungen aus Nichtbeachtung oben genannter Forderung werden nicht bearbeitet.

Sind Karten, digitale Daten, Luftbilder oder Druckschriften derzeit nicht verfügbar, ist eine erneute Antragstellung erforderlich. Informationen hierzu können beim Landesvermessungsamt Sachsen erfragt werden.

ANSCHRIFTENVERZEICHNIS

Städtische Vermessungsämter

Dresden
Landeshauptstadt Dresden
Dezernat Bauverwaltung
Städtisches Vermessungsamt
Hamburger Straße 19　　　　　Postfach 12 00 20
01067 Dresden　　　　　　　　01001 Dresden
☎ (03 51) 4 88 - 39 01

Leipzig
Stadtverwaltung Leipzig
Dezernat VI Planung und Bau
Städtisches Vermessungsamt
Burgplatz 1　　　　　　　　　Postfach
04109 Leipzig　　　　　　　　04092 Leipzig
☎ (03 41) 1 23 - 50 19

Chemnitz
Stadtverwaltung Chemnitz
Dezernat Stadtentwicklung
Städtisches Vermessungsamt
Annaberger Straße 93　　　　Postfach 0 91 06
09120 Chemnitz　　　　　　　09008 Chemnitz
☎ (03 71) 4 88 62 00

Geologische Landesämter

Bayern
Bayerisches Geologisches Landesamt
Heßstraße 128
80797 München
☎ (0 89) 12 13 02 - 6 00

Brandenburg
Landesamt für Geowissenschaften und
Rohstoffe Brandenburg
Stahnsdorfer Damm 77
14532 Kleinmachnow
☎ (03 32 03) 3 66 00

Sachsen-Anhalt
Geologisches Landesamt Sachsen-Anhalt
Köthener Straße 34
06118 Halle (Saale)
☎ (03 45) 5 21 20

Thüringen
Thüringer Landesanstalt für Geologie
Carl-August-Allee 8-10
99423 Weimar
☎ (0 36 43) 55 60

ANSCHRIFTENVERZEICHNIS

Bezugsmöglichkeiten für amtliche Karten der anderen Bundesländer:

Baden-Württemberg Landesvermessungsamt Baden-Württemberg
Büchsenstraße 54 PF 10 29 62
70174 Stuttgart 70025 Stuttgart
☎ (07 11) 1 23 - 28 31, Fax: - 29 80

Bayern Geo Center ILK
Touristik Medienservice GmbH
Schockenriedstraße 44
70565 Stuttgart
☎ (07 11) 78 19 46 - 42, Fax: - 54

Berlin Senatsverwaltung für Bauen, Wohnen und Verkehr
Abt. V — Vermessungswesen —
Mansfelder Straße 16
10713 Berlin
☎ (0 30) 90 12-56 28, Fax: - 31 17

Brandenburg Kundenservice des
Landesvermessungsamtes Brandenburg
Zeppelinstraße 8
14471 Potsdam
☎ (03 31) 8 84 44 58, Fax: 96 49 18

Bremen Kataster- und Vermessungsverwaltung Bremen
Wilhelm-Kaisen-Brücke 4
28199 Bremen
☎ (04 21) 3 61-46 53, Fax: - 49 47

Hamburg Baubehörde der Freien und Hansestadt Hamburg
— Amt für Geoinformation und Vermessung —
Sachsenkamp 4 PF 10 05 04
20097 Hamburg 20003 Hamburg
☎ (0 40) 23 75 - 70, Fax: - 59 66

Hessen Hessisches Landesvermessungsamt
Schaperstraße 16 PF 32 49
65195 Wiesbaden 65022 Wiesbaden
☎ (06 11) 5 35 - 2 36, Fax: - 3 09

Mecklenburg- Landesvermessungsamt Mecklenburg-Vorpommern
Vorpommern Lübecker Straße 289 PF 20 21 34
19059 Schwerin 19018 Schwerin
☎ (03 85) 74 44 - 2 16, Fax: - 3 98

ANSCHRIFTENVERZEICHNIS

Niedersachsen	Niedersächsisches Landesverwaltungsamt — Landesvermessung — Podbielskistraße 321　　　　　PF 37 69 30659 Hannover　　　　　　　30037 Hannover ☎ (05 11) 3 6 73 - 2 88, Fax: - 5 49/-2 74
Nordrhein-Westfalen	Landesvermessungsamt Nordrhein-Westfalen Muffendorfer Straße 19 -21　　PF 20 50 07 53177 Bonn　　　　　　　　　53170 Bonn ☎ (02 28) 8 46 - 5 35 /- 5 36, Fax: - 5 02
Rheinland-Pfalz	Landesvermessungsamt Rheinland-Pfalz Ferdinand-Sauerbruch-Straße 15　PF 14 28 56073 Koblenz　　　　　　　　56014 Koblenz ☎ (02 61) 4 92-2 32, Fax: - 4 92
Saarland	Landesamt für Kataster-, Vermessungs- und Kartenwesen Von der Heydt 22 66115 Saarbrücken ☎ (06 81) 9 7 12 - 2 41, Fax: - 2 00
Sachsen-Anhalt	Landesamt für Landesvermessung und Datenverarbeitung Sachsen-Anhalt Barbarastraße 2　　　　　　　PF 20 08 53 06110 Halle/Saale　　　　　　06009 Halle/Saale ☎ (03 45) 13 04 - 5 55, Fax: - 9 97
Schleswig-Holstein	Landesvermessungsamt Schleswig-Holstein Mercatorstraße 1　　　　　　PF 50 71 24106 Kiel　　　　　　　　　24062 Kiel ☎ (04 31) 3 83 - 20 15, Fax: - 20 99
Thüringen	Thüringer Landesvermessungsamt Schmidtstedter Ufer 7　　　　PF 9 07 99084 Erfurt　　　　　　　　99018 Erfurt ☎ (03 61) 3 78 3 - 128, Fax: - 2 10
Bundesamt	Bundesamt für Kartographie und Geodäsie Außenstelle Berlin Stauffenbergstraße 13 10785 Berlin ☎ (0 30) 2 54 17 - 187, Fax: - 1 99